Engin Geçtan

İnsan Olmak

Engin Geçtan (1932-2018). Uzmanlık alanı psikiyatri olan Geçtan 1975-87 yılları arasında meslek dışı okurlar tarafından da ilgiyle karşılanan dört kitap yazdı. Çok sayıda basım yapmış ve yapmakta olan, kendi bilimsel disipliniyle ilgili bu dörtlünün ardından psikiyatri alanının dışına geçerek kurgu tarzında kitaplar da yazdı. *Kimbilir* ve *Hayat* adlı kitaplarında uzun deneyim yıllarının ardından psikiyatriye, ülkemiz insanına ve günümüzde kaosun kenarında yaşadığımız süreçlere bakışını dile getirdi. 2005 tarihli söyleşiler kitabı *Seyyar* ve sonraki yıllarda yayımlanan *Zamane* (2010) ve *Rastgele Ben* (2014) ise bir yandan Geçtan'ın kişisel ve profesyonel yaşamından kesitler sunarken, diğer yandan dünyaya ve hayata dair bilgece değerlendirmeler taşıyor. Ankara ve İstanbul'daki dört üniversitede öğretim üyeliği yaptı ve psikoterapist olarak çalıştı; farklı kuşaklardan çok sayıda insanın eğitiminde ve mesleki yaşamında esinleyici bir rolü oldu. Geçtan'ın yayımlanmış bütün kitapları Metis'te geniş bir külliyat oluşturuyor. Ekim 2017'de yayımladığımız, grup psikoterapi seanslarından bir kesit sunan *Orada, Bir Arada* yazdığı son kitabıdır.

Metis Yayınları
İpek Sokak 5, 34433 Beyoğlu, İstanbul
e-posta: info@metiskitap.com
www.metiskitap.com
Yayınevi Sertifika No: 43544

İnsan Olmak
Engin Geçtan

© Engin Geçtan, 1983
© Metis Yayınları, 2002, 2017

1.-4. Basımlar: Adam Yayınevi, 1983
5.-25. Basımlar: Remzi Kitabevi, 1988
Metis Yayınları'nda İlk Basım: Ocak 2003
Yirmi Yedinci Basım: Temmuz 2023

Yayıma Hazırlayan: Müge Gürsoy Sökmen

Kapak Resmi: René Magritt'in *Cam Anahtar* (1959)
adlı yapıtı üzerine kolaj

Kapak Tasarımı: Emine Bora

Dizgi ve Baskı Öncesi Hazırlık: Metis Yayıncılık Ltd.
Baskı ve Cilt: Yaylacık Matbaacılık Ltd.
Fatih Sanayi Sitesi No. 12/197 Topkapı, İstanbul
Matbaa Sertifika No: 44865

ISBN-13: 978-975-342-398-4

Engin Geçtan

İnsan Olmak

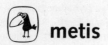 metis

METİS YAYINLARI

ENGİN GEÇTAN
BÜTÜN YAPITLARI

•

Edebiyat

DERSAADET'TE DANS 1996

BİR GÜNLÜK YERİM KALDI İSTER MİSİNİZ? 1997

KIRMIZI KİTAP (1993) 1999

KIZARMIŞ PALAMUTUN KOKUSU 2001

TREN 2004

KURU SU 2008

MESELA SAAT ONDA 2012

Edebiyatdışı

PSİKODİNAMİK PSİKİYATRİ VE
NORMALDIŞI DAVRANIŞLAR (1975) 2003

İNSAN OLMAK (1983) 2003

PSİKANALİZ VE SONRASI (1988) 2004

VAROLUŞ VE PSİKİYATRİ (1990) 2004

KİMBİLİR? 1998

HAYAT 2002

ZAMANE 2010

RASTGELE BEN 2014

ORADA, BİR ARADA 2017

SEYYAR, Söyleşiler 2005

İçindekiler

Yirmi Yılın Ardından

26. Basım İçin Önsöz

1982 YILI BAŞLARI, Ankara'da yaşadığım zamanlarda, bir sabah üniversiteye geldiğimde kapıdaki görevliler İstanbul'dan gelen birinin benimle görüşmek istediğini söylediler. Biraz ilerimde ziyaretçiler için ayrılan camlı bölümde onu gördüm. Mütevazı ve saygılı halinin beni uzaktan etkilediğini hatırlıyorum, yanına gidip beni neden görmek istediğini sordum. İlk iki kitabımı okumuş olduğunu, benden bir dileği olduğunu ve bunu bana iletebilmek için İstanbul'dan kalkıp geldiğini söyledi. Odama davet ettim, içeriye girdiğinde kendisine gösterdiğim koltuğa oturmayıp isteğini ayakta dile getirdi. "Sizden bir ricam var," dedi. "Lütfen bizler için de yazın." Ve ardından veda etti, bende o an fark edememiş olduğum bir iz bırakıp giderek.

Aynı yılın yazında bir güney kasabasında tatilimi geçiriyordum. Bir gün öğleye doğru, kıyıdan hayli uzaklaşmış tek başıma yüzerken bir an bu ziyaretçimi hatırladım, nasıl olup da denizin ortasında onu hatırladığıma biraz da şaşırarak. Aynı günün akşamı otelin bahçesinde süren bir sohbet sırasında, anlık bir dürtüyle tek başıma yürüyüşe çıkmak istediğimi fark ettim. Oldukça tenha ve yarı aydınlık bir yolda yaptığım yürüyüşten döndüğümde *İnsan Olmak* kitabının başlıkları oluşmuştu, başlangıçta yürüyüşümün böyle bir amacı olmamasına rağmen. Ertesi sabah kahvaltıda başlıkları sıralayarak yazıya döktüm. Ankara'ya döndüğümde kitap, fışkırırcasına bir çırpıda yazıldı.

Bu ziyaret olmasaydı kitap yine de yazılır mıydı? Yazılsaydı aynı olur muydu? Bu soruların cevapları hayatın pek çok bilinmezinden sadece biri ya da ikisi. Yine de böylesi kendiliğinden yaşantıların ve oluşumların, birden fazla etkenin rastlantısal buluşmaları sonucu ortaya çıktıklarına inanma eğilimindeyim. Hayatın kendi akışında yaşanabildiği, evrenle birlikte dans edilebildiği zamanlarda. Çünkü İstanbul'dan gelen isimsiz ziyaretçiyle başlayan süreç zamanla beni hiç beklemediğim yerlere taşıdı, daha sonraki kitaplarımı okumuş olanlarınız bu süreci zaten izlemişlerdir.

İnsan Olmak'tan önce yazdığım iki kitap akademik dünyanın kalıplarına ve beklentilerine uygun tarzda yazılmışlardı. O zamanlar şartlanmalarımdan ötürü ya da henüz hazır olmadığımdan, kalıpları izlemem gerektiği şeklinde bir çerçevede sıkışıp kalmış olduğumu çok sonraları fark edecektim. Sigmund Freud'un psikiyatriye ya da Margaret Mead'in antropolojiye yaptıkları klasikleşmiş katkıların akademik kalıplara uymamaları sonucu gerçekleştirilmiş olduğunu bilmeme rağmen. Kalıpları kırmanın ürkütücü de olsa insana hayatiyet katan bir yanı vardır, bilirsiniz. *İnsan Olmak* ilk yayımlandığında nasıl karşılanacağı hakkında hiçbir fikrim yoktu, ancak geçen yıllar içinde bu kitabın okuyucusuyla kurduğu ilişki, zaman zaman beni şaşırtan ve duygulandıran hoşluklarla karşılaşmama neden oldu. Bugün de kitabın nasıl olup da okuyanı ile bu denli yoğun bir ilişki kurduğunu anlayabilmiş değilim, kitabın okuyucusu olmadığım için bu ilişkinin dışında kalmış olmamdan ötürü. Dolayısıyla, yirmi altıncı basımı Metis Yayınları'ndan çıkarken kitabın tek sözcüğünü bile değiştirmedim, okuyucusuyla kurmuş olduğu ilişkiye dokunmaya hakkım olmadığını düşünerek.

1982 yılının isimsiz ziyaretçisine ve *İnsan Olmak* kitabının geçmişteki okuyucularına teşekkürlerimi dile getirmek istiyorum, zaman içinde farklı mecralara doğru hareket edebilmemde beni yüreklendirmiş oldukları için.

Engin Geçtan
İstanbul, 2003

Önsöz

İNSAN, varolduğu günden bu yana sürekli olarak, içinde yaşadığı dünyayı ve evreni tanımaya ve anlamaya çalışmış, ancak bu çabası içinde en az tanıyabildiği varlık yine kendisi olmuştur. En gelişmiş canlı olan insanın yine insan tarafından incelenmiş olması bunun başlıca nedeni olsa gerek. Üstelik konu insan davranışları olduğunda, yansız bir değerlendirme yapabilmek daha da güç. Davranışlarımızın gerisindeki dinamik mekanizmaları açıklamaya çalışan araştırmacıların yaşamlarını ve yapıtlarını karşılaştırarak incelediğimizde, kendi kişilik özelliklerinin geliştirdikleri kuramlara yansımış olduğunu açık bir biçimde görebiliriz. Örneğin Freud'un, insanı saldırgan ve yıkıcı bir varlık olarak tanımlaması ile onun pek de esnek olmayan ve karamsar kişiliği arasındaki paralellik birçok eleştirmenin gözünden kaçmamıştır.

Aslında, normaldışı davranışlar tarihin her döneminde insanın ilgi konusu olmuştur, ama ortalama insanın davranışlarına yirminci yüzyıla gelene kadar hemen hemen hiç ilgi duyulmamıştır. Yüzyılın başlarında psikanalizin getirdiği yeni bakış açısı, normaldışı davranışların, aslında, olağan davranışların abartılmış biçimleri olduğunun anlaşılabilmesini sağlamıştır. Böylece, özellikle İkinci Dünya Savaşı'ndan sonra, insanın günlük yaşamındaki davranışları da giderek artan ilgi konusu olmuştur.

Ne var ki, bu gelişmelere karşın, insanları normal ya da normal olmayanlar diye iki gruba ayırma eğilimi günümüzde de süregelen bir yanılgıdır. Oysa, davranışbilimciler normalliğin tanımı üzerinde bir görüş birliğine henüz varabilmiş değiller. Geçmiş yüzyıllarda, bir insanda önemli sayılabilecek oranda normaldışı davranışların görülmemesi normallik olarak kabul edilirdi. Buna karşılık 1937 yılında Freud, normallik diye bir şey olmadığı görüşünü savunmuş, böyle bir durumu tanımlamaya çalışmanın gerçekleşmesi olanaksız ve hayal ürünü bir amaç olduğunu söylemişti. Günümüz araştırmacıları ise Freud'dan farklı düşünmekte ve özellikle son yirmi yıl içinde bu konuda ciddi çalışmalar yapmaktadırlar.

Yirminci yüzyılın ilk yarısında, toplum normlarına uyma oranının normalliği, bu kurallardan sapma oranının ise normaldışını belirlediği görüşü oldukça egemendi. Ancak İkinci Dünya Savaşı'ndan sonra, toplumların da bazen hasta olabileceğinin fark edilmesi üzerine bu görüş geçerliğini önemli ölçüde yitirmiştir. Hasta toplum, bünyesindeki normal bir davranışı normaldışı olarak yorumlayabilen toplumdur. Belirli bir oranda toplum kurallarına uyma, toplu halde yaşamak için gereklidir ve bunun karşıtı tutumlar bireyin kendisi için de zararlı olabilir. Ancak, normalliğin temel ölçütlerinden biri, kişinin kendisini iyi hissedebilmesidir. Bu ise yalnızca yaşamın sürdürülmesini değil, insanın dünya içinde kendine özgü bir yer edinebilmesini ve yaşamından doyum sağlayabilmesini de içerir. Buna karşılık, yalnızca toplumun onayına yönelik davranışlar kişiliğin ortadan silinmesine neden olabilir.

Yakın geçmişe kadar en çok yandaş toplayan görüşlerden birine göre, kendisine ve topluma orta derecede uyum sağlayabilen ve çoğunluğu oluşturan grup normal sayılır; iki uçtakiler olağandışı durumlar olarak değerlendirilir. Bir başka deyişle, kimse siyah ya da beyaz olarak nitelendirilemez. Aslında hepimiz grinin tonlarıyız. Kimimiz daha koyu, kimimiz daha açık. Beyaza çok yakın bir tonu tutturabilenlerin azınlıkta olduğunu biliyoruz. Ama bu insanların gerçek oranını kestirebilmek oldukça güç. Çünkü onlar yaşama doğrudan katıldıklarından mutlu olup olmadıklarından söz etmezler bile. Buna karşılık bazıları yaşayarak mutluluğa ulaşmaya çalışacakları yerde, mutlu olabilmek için kendi dışlarında "bir şey olmasını" bekler, ya da nasıl mutlu olunabileceği konusunda sonu gelmez tartışmalar sürdürürler.

Günümüzde giderek artan sayıda yandaş toplayan bir yaklaşıma göre ise, normallik bir süreçtir ve normal davranış, birbiriyle etkileşim durumunda olan sistemlerin ortak bir ürünüdür. Bir diğer deyişle normallik, herhangi bir andaki durumu tanımlamak yerine, organizmada gözlemlenen değişiklikleri ya da süreçleri vurgular. İnsanı genel sistemler kuramına göre ele alan bu yaklaşıma göre, bir sistem olarak normallik, canlı bir sistemin, biyolojik, psikolojik ve sosyolojik değişkenlerin katkısıyla ve zamanın sürekliliği içerisinde işlevlerini sürdürebilmesini tanımlar. Bu değişkenlerin sistemle nasıl bütünleştiği ve her bir değişkenin sistemin bütünlüğü içindeki yeri, gelecekte yapılacak araştırmalarla aydınlatılabilecektir.

Normallik kavramını bir süreç olarak ele aldığımızda, konuya ilişkin bir diğer boyutun da tartışılması gerekir. Bu da normalliğin, uyum, yeterlik ve zorlanmalarla baş edebilme gibi kavramlarla olan yakın ilişkisidir. Ne var ki, normallik gibi bu kavramlar da belirli bir kuram üzerine oturtulmamıştır. Bu nedenle, bir bireyin ya da bir grubun çoğunluğunun gelecekte nasıl davranacağını kestirebilme konusunda başarılı sonuçlar henüz sağlanamamıştır.

Bu kitap, ortalama insanın davranışlarının gerisindeki dinamik güçleri meslekdışı okuyucuya tanıtmayı amaçlamakta ve yazarın otuz yıldır süregelen klinik yaşantılarının birikiminden yaptığı çıkarsamaların bir bölümünü içermektedir. Konuya yakın olanların kitabı izlerken zaman zaman Adler, Jung, Horney, Fromm, Rank, Boss, Binswanger ve Rado'nun izlerini fark edebileceklerini sanıyoruz. "Neden bu kuramcılar da, diğerleri değil?" sorusunun gerisinde yalnızca yazarın kendi öznel seçimi bulunmaktadır. Bir psikoterapist ancak, okuyarak öğrendiği kuramlarla kendi deneyimleri arasında bir bağlantı kurabildiğinde onları özümsemiş olur. Ama bu her bir kuramcının tüm görüşlerini kapsamayabilir. Üstelik bunlara psikoterapistin kendi yorumlamaları ve çeşitlemeleri de katıldığında kendine özgü bir yaklaşım ortaya çıkar. Çalışmalarını yalnızca bir kurama bağlı olarak sürdüren psikoterapistler bile, birikimlerini ve yorumlarını uygulamalarına katarak, kendi yaklaşımlarını geliştirirler. Dolayısıyla bu kitabın, öncelikle, yazarın insan davranışlarına kendi bakış açısını yansıttığı söylenebilir.

Bu kitapta, insanın kendi kendisine tutsak olmasına yol açan kısırdöngülerin oluşum nedenlerine ve yaşanış biçimlerine ağırlık verilmiştir. Çünkü insan, kendisine karşıt düşen davranışlarını nasıl geliştirdiğini göremedikçe, özgür olabilmek için neyi aşması gerektiğini de bilemez. Ancak böyle bir kitabı okumanın davranışlarda doğrudan bir değişiklik yaratacağı beklentisi de bir yanılgıdır. Çünkü insan, çevresini algılarken seçicidir; yalnızca seçtiklerini görür, diğerleri algı alanının dışında kalır.

Örneğin, bu kitabı okuyan okuyucu, kendisiyle doğrudan ilgili bazı bölümleri kavramakta güçlük çekebilir ya da okuduklarıyla kendisi arasında hiçbir ilişki kurmayarak, bu özelliklerin çevresindeki bazı insanlarda bulunduğunu düşünebilir. Böylesi bir yadsıma, insanın o davranışını değiştirmeye hazır olmadığının bir göstergesidir. Gerçi bugün edinilen bilgi farkında olmaksızın bizde bir iz bırakabilir ve aradan bir süre geçtikten sonra, edinilen bilgiyle belirli bir davranış alışkanlığımız arasındaki ilişki birden açıklık kazanabilir; ama bu bile kesin bir beklenti olarak değerlendirilmemelidir. Üstelik, bu ilişkiyi fark etmek o davranışın değiştirilebilmesi için yeterli olmaz. Çünkü değişme, "neden" öyle davrandığımızı görebilmekten çok, o davranışı "nasıl" yaptığımızı anında fark edip, aradaki yaşantımızı anlamaya çalışarak gerçekleştirilebilir. Bir insanın bunu tek başına başarabilmesi pek de kolay değildir. Çünkü bu, her şeyden önce bir "niyet" ve "kararlılık" sorunudur.

Dolayısıyla bu kitap, öncelikle insanın kendisindeki ve çevresindeki bilinmeyenlerinin sayısını azaltmayı amaçlamaktadır. Kendimizi ve çevremizi anlayamamanın getirdiği ürküntü dış dünyanın tehlikeli bir alan olarak algılanmasına neden olur. Böyle bir durum, davranışımızı tehlikelere karşı savunmaya yönelik bir biçimde düzenlememize ve enerjimizin çoğunu bu doğrultuda tüketmemize neden olacağından, gerçeklerimizi algılamamızı ve kendimizi yaşayabilmemizi engeller. Çünkü, insanın kendi içinde ürettiği kargaşa dış dünyadaki gerçek tehlikelerden çok daha ürkütücüdür.

Birazdan okuyacaklarımızın bu sınırlı amacı kısmen de olsa gerçekleştirebilmesi umuduyla!

Haziran 1983

Birey ve Toplum

İNSAN, doğanın ürkütücü gücüyle baş edebilmek için diğer insanlarla bir araya gelerek toplumları oluşturmuştur. Ancak, toplumlar geliştikçe insan da giderek doğadan kopmuş ve bunun yarattığı yalnızlığı giderebilecek yeni bir beraberlik bulamamıştır. İnsanın kısa bir süre için de olsa doğayla yeniden baş başa olması, onu eski bir dostla birlikteymişçesine mutlu eder. Bu, hem birlikte hem özgür olmanın verdiği, benzeri olmayan bir mutluluktur. Ama insan böylesi doyurucu bir ilişkiyi kendi geliştirdiği toplumlarla kuramamış ve toplumu, doğal güdülerini kısıtlayan bir başka ürkütücü güç olarak algılamıştır. Dolayısıyla, doğadan özgürleşme çabası sonucu bu kez de kendini topluma bağımlı kılmıştır. Çünkü insan, yalnızlıktan da korkmuş ve diğer insanlarla birlikte olursa tehlikelerden korunacağına inanmıştır. Gerçekten de insan, başkalarıyla birlikteyken birçok şeyi daha iyi yapar. Ama kendi içinde yine de yalnızdır ve içinde yaşadığı dünyaya karşı yürekli bir savaşım vermek zorundadır.

İnsanın politik bir varlık olması ise kendi seçimi değildir. Bugüne değin denemiş olduğu toplum modelleri, onun özgür olma isteği ile bağımlılığı yeğlemesinin yarattığı çelişkilere çözüm bulma çabalarıdır. Bu çelişkiler insanın hem doğanın bir parçası hem doğadan kopuk, hem insan hem hayvan olmasından kaynaklanır. Günümüzde bile çoğu insan devletin getirdiği yasalardan ve vergilerden pek hoşlanmaz. Yasaların oluşturulmasını ve uygulanmasını gerekli bulur, ancak bunların kendisinden çok diğer insanlar için gerekli olduğunu düşünür.

En basit düzeydeki toplumların yöneticileri yoktur. İlkel avcılar ancak bir araya geldiklerinde bazı kurallar uygulamışlardır. Afrika'nın Pigmeleri ve Avustralya'nın ilkel yerlileri belirli bir amaçla bir araya gelerek örgütlenir, işbirliğinde bulunur, sonra yine kendi aile gruplarına dönerler. Sumatra adasında yaşayan Kubular'da her aile kendi kendisini yönetir. Fuegialılar'ın toplulukları genellikle on iki kişiyi geçmez. Tungular yaklaşık on çadırdan oluşan gruplar halinde yaşar, sürekli bir politik düzen oluşturmazlar.

Toplumların politik bir düzen oluşturmasında başlıca etmen savaş olmuştur. Başlangıçta insanın doğal bir savaş içgüdüsü yoktu. İlkel gruplar barış ve sükûn içinde yaşamışlardı. Eskimolar, Avrupalılarla ilk karşılaştıklarında, onların birbirlerini öldürmelerini ya da birbirlerinin toprağını çalmalarını bir türlü anlayamamışlardı. Topraklarının altında bulunabilecek değerli madenlerin buz ve karla kaplı olmasına şükretmişler, çoraklıklarının kendilerini saldırıdan koruduğuna inanmışlardı.

Gerçekten de savaşlar, sahip olma dürtüsüyle birlikte başlamıştır. İlk savaşlar, avcı kabilelerin tarımla uğraşan gruplara saldırması biçiminde görülürdü. Avcılar, ormanlarda avlayacakları sürüler azalınca köylerdeki zengin tarlalara imrenirler, saldırmak için önce bir bahane yaratır, sonra oraları işgal ederlerdi. Bazı tarihçilere göre, devletle kavim arasındaki fark, bir ırkın diğerini egemenliği altına almasıyla başlar. Nitekim savaşlar giderek başkanların ve önderlerin ortaya çıkmasına neden olmuştur. Ancak başlangıçta başkanlar yalnızca savaşı yönetme görevini üstlenmişlerdi. Samoa'da başkan savaş sırasında toplumu yönetir, barış zamanında kimse onunla ilgilenmez ve toplumun herhangi bir üyesi olarak yaşamını sürdürürdü. Daha sonraları, gruplar büyüdükçe, barış zamanında da topluluğu yöneten ve otoriteyi temsil eden kişiler belirmeye başladı. Önceleri bunlar genellikle din adamları ve büyücülerdi. Sonunda krallık bir devlet yönetimi biçimi olarak benimsendiğinde, savaş ve barış dönemlerindeki lider kimlikleri kralın kişiliğinde bütünleşti.

Gerçi devlet istilanın bir ürünüdür ve kazanan grubun yenilene egemen olmasından kaynaklanır, ama salt silah gücüne dayalı bir devlet de uzun ömürlü olamaz. Çünkü insan doğası zora ve baskıya karşı inatla direnme eğilimindedir. Bu nedenle, barış dönemlerinde de toplumları yönetme sanatı gelişmiş, devlet gücünün dolaylı ve hissettirilmeden uygulanabileceği çeşitli üstyapı kurumları oluşturulmuştur. Bunlar arasında aile, okul ve dinsel kurumlar sayılabilir. Bu kurumlar, bireyin kendi toplumuna bağlılık geliştirmesini ve onunla gurur duyabilmesini sağlamıştır. Bunun yanı sıra, egemen azınlık kendi gücünü giderek yasal bir sisteme dönüştürmüş, böylece hem kendi gücünü pekiştirmiş, hem de kendisine bağlı olan halka düzen ve güvenlik sağlamıştır. Yasalar, sağladığı haklarla vatandaşların bunları kabul etmesini ve devlete bağlanmasını kolaylaştırmıştır.

Samimiyetsizlik ilkel toplumların bilmediği bir davranış biçimidir. Örneğin, eskiden Hotantolar'da rüşvet ve ihanet yoktu. Ancak toplumlararası ilişkiler geliştikçe Hotantolar da bu sanatı Avrupalılardan öğrenmeye başladılar. Samimiyetsizlik uygarlıkla gelişmiştir. Çünkü uygarlıkla birlikte diplomasi de gelişmiş, çalınacak şeylerin sayısı da artmıştır. İlkel insanlarda mülkiyet geliştikçe hırsızlık ve yalan da başlar.

İlkel insan acımasızdı. Kendini koruyabilmek için öyle olmak zorundaydı. Ama diğer insanlara acı vermekten zevk alma eğilimi savaşlarla birlikte gelişmiştir. Başlangıçta bu yalnızca savaşta yaşanan bir duyguydu ve kabile içinde saldırgan davranışlara rastlanmazdı. Ne var ki, savaşta öldürmeyi öğrenen insan bunu barışta da uygulamaya başladı. Giderek anlaşmazlıklar da taraflardan birinin ortadan kaldırılmasıyla çözümlendi. O zamanlar yasa ve mahkeme yoktu. Buna karşılık köy halkı, üyelerinden birinin davranışı hakkındaki görüşlerini ve yargılarını açıkça dile getirebilirdi.

İlkel toplumlarda insan yaşamına günümüzdeki kadar değer verilmediğinden, adam öldürme olayları da daha hoşgörü ile karşılanırdı. Fuegialılar bir katili, topluluk onun suçunu unutana dek sürgüne göndererek cezalandırırlardı. Bazı kabilelerde ise adam öldüren kişiye kahraman gözüyle bakılmıştı. Dayaklar'da en çok kelle getiren kişi kabilesinde istediği kıza sahip olabilirdi. Çünkü bu kızlar da en yürekli ve en güçlü erkeklerin anası olacaklarına inanırlardı. Aslında ilkel insanlar kendi yaşamlarına da değer vermezlerdi. Onur kırıcı bir duruma düştüklerinde kendi yaşamlarına son verirlerdi. Bazı Kızılderili kabilelerinde kadınlar, kocaları tarafından azarlandıklarında intihar ederlerdi.

Başlangıçta anlaşmazlıklar kişisel öç alma yoluyla çözümlenirken, daha sonraları verilen zararın karşılığı başka yollardan ödetilmiştir. Çoğu kez topluluğun başkanı, düzeni koruma amacıyla, zararın kan yerine değerli maden ya da eşyalarla ödetilmesi için gücünü kullanırdı. Sonunda, Hamurabi yasalarında olduğu gibi belirli ölçütler geliştirildi. Bir dişe, bir göze ya da bir yaşama karşılık ne ödeneceği saptandı. Hangi suçun kimin tarafından işlendiğine göre cezalar da değişti. Genellikle suçun büyüklüğüne karşı verilen ceza, suçu işleyen kişinin saygınlığı oranında az oldu ve bu tarih boyunca da böyle süregeldi.

En son aşamada ise varsayımlar üzerine kurulan yasalar geliştirildi. Önceleri yargı organı olan grup lideri aynı zamanda yasama organı oldu. Törelerden kaynaklanan yasalarla devletin kendi düzenini korumak için getirdiği yasalar bütünleşti. Bu nedenledir ki bir toplumun yasaları onun geçmişini yansıtır. İlkel toplumlarda cezalar daha acımasızdır. Çünkü yeterince yapılaşmamışlardır ve bundan ötürü de güvensizdirler. Bir toplum oturdukça cezaları da hafifler.

İnsanın toplumsallaşması sonucu, kendisini koruma amacı dışında saldırgan davranışlar göstermeyen, barışçı doğa insanının türü de tükenmiş ve savaş güdüsü insan karakterinin yapısal bir parçası durumuna gelmiştir. Ancak, insan kendi haline bırakıldığında başkalarının canına kıyıp malına sahip olmayı düşünmez. Savaşçı yanı yalnızca kışkırtıldığı ya da engellendiği durumlarda etkinlik kazanır. Unutulmamalıdır ki, toplumların oluşumu insana savaşı öğretmiştir, ama aynı zamanda diğer insanlara karşı duyduğu ilginin de gelişmesine neden olmuştur. Toplumsal ilgi denilen bu eğilim de insan karakterinin bir parçasıdır; önce ana-baba ve çocuk ilişkisi içinde etkinlik kazanır ve daha sonra diğer insanları da kapsamına alır. İnsan hem yapan hem bozan, hem seven hem kıran bir varlıktır. Bu çelişki kendisini ve diğer insanları anlayabilmesini güçleştiren en önemli etmenlerden biri olmuştur.

Toplumların var olabilmesi için düzen, düzen olabilmesi için de kurallar gereklidir. Töreler ve kurallar, kuşaklar boyunca sınama-yanılma ve eleme yöntemleriyle seçilir. İlkel topluluklarda yazılı yasalar yoktur, ama töreler bireyin davranışlarının her boyutunu denetler ve onun ikinci bir kişiliği durumuna gelir. Birey onları bozarsa tedirgin olur ve suçlanır. Bu duygu insanı hayvandan ayıran en önemli özelliktir. Dolayısıyla töreler olmadan uygarlık da olmaz.

Doğa toplumlarında bireyler, uygarlaşmış toplumlara oranla daha az hakka sahiptir. Böyle toplumlarda bireyin davranışları sayısız tabularla kısıtlanmıştır. Örneğin Bengal'deki bazı ilkel gruplarda, oturma, kalkma, ayakta durma, yürüme, su içme, yemek yeme gibi günlük eylemler bile kurallarla sınırlanmıştır. Dolayısıyla ilkel toplumlarda birey, toplumdan ayrı bir bütün olarak var olamaz. Önemli olan, aile, kabile ya da köydür. Ancak sonraları insanlar arazi sahibi olup ekonomik bağımsızlıklarını kazandıkça hak sahibi olmaya ve bireyleşmeye başlamışlardır.

Her toplumsal grupta o grubun kültürünü bir kuşağın sonraki kuşağa sistemli bir biçimde öğretmesi sonucu, grup üyeleri ortak özellikler geliştirirler ve böylece o grubun temel kişilik tipleri oluşur. Bir grubun genç üyelerinin eğitimi ne kadar yoğun ve tek yönlü olursa, üyeler de o ölçüde birbirine benzerlik gösterir ve bireysel farklılıklar azalır. Böylece sınırlı ve değişmez görüşleri olan bir toplum oluşur. Doğa toplumları bireyin özgürlüğünü sınırlar, ama karşılığında ona, dünyanın gerçekte nasıl olduğu, kendisinin nasıl bir insan olduğu, kendisini ve dünyasını ne kadar değiştirebileceği, doğru ve yanlış ya da iyi ve kötünün ne olduğu konularında oldukça kesin tanımlanmış bir varsayımlar sistemi sağlar. Dolayısıyla birey, hangi olay karşısında nasıl davranması gerektiğini önceden bilebilir. Üstelik gelenek ve töreler, getirdikleri katı kuralların yanı sıra, bazı gerilim boşaltma yöntemleri de sağlar. İlkel toplumlarda bu, dinsel ayinler sırasındaki dans, vecde gelme gibi durumlarla gerçekleştirilir. Daha gelişmiş geleneksel toplumlardaysa, kız kaçırma örneğinde olduğu gibi, usulüne göre yapılmış olması koşuluyla bazı dürtüsel davranışlar hoşgörüyle karşılanabilir. Gelenekler ve töreler insana koruyucu bir ortam sağlar, ama onun toplum içinde farklılaşmasını ve kişiliğine yeni boyutlar katabilmesini de önemli ölçüde kısıtlar.

İnsan ekonomik bağımsızlığını kazanıp geleneksel gruplardan çağdaş topluma yaklaşıldıkça törelerin gücü zayıflamış, buna karşılık onu denetleyen yasaların sayısı çoğalmıştır. Ama insan, giderek karmaşıklaşan yasaların getirdiği bunaltıcı bürokrasiye karşılık, yasaların oluşumuna doğrudan katılma olanağını bulmuştur. Çünkü insan zihni geliştikçe düşünceler de çoğalmıştır. Düşüncelerin gelişmesi insanın kendi kendisini ve geleceğini yönlendirmesinde ona yardımcı olmuş, ama içgüdülerin zayıflaması diğer insanlara ve geliştirdiği teknolojiye eskisinden daha bağımlı bir duruma gelmesine neden olmuştur.

Bir şeylerden bağımsızlaşarak özgürleşmeye çalışmakla özgür olmak birbirinden farklı olgulardır. İnsan doğaya olan bağımlılığından kurtulabilmek için diğer insanlarla bir araya gelerek teknolojiyi geliştirmiş, ancak bu kez de onun tutsağı olup olmadığı sorusu ortaya çıkmıştır. Yirminci yüzyılın başlarından bugüne kadarki bilimsel, teknolojik ve toplumsal gelişmeler tüm insanlık tarihi boyunca gerçekleştirilmiş olan aşamaları çoktan geçmiş durumdadır. Bu gelişmeler yakın zamanlara dek insanlığa yararlı bir olgu olarak algılanırken, günümüzde öylesi bir hız kazanmıştır ki, insanlığa sağladığı yararları gölgeleyecek ölçüde bazı sorunları da beraberinde getirmiştir.

Dünyamızın sınırlı kaynaklarının doğabilim yasalarına bağlı olmasına karşılık, ekonomi kuralları insanlar tarafından saptanır. Bunun sonucu, aynı zamanda insanların iyi yaşaması için yaratılmış olan doğa da teknolojiye kurban edilmiştir. 1970 istatistiklerine göre, Amerika Birleşik Devletleri halkı yılda sekiz milyon otomobil, otuz ton kâğıt, yirmi altı milyon şişe ve kırk sekiz milyon teneke kutuyu çöplüklere atmaktadır. Uzaya yollanan araçlarla şimdiden stratosferde bir çöplük yaratılmaktadır. Hava kirliliğinin dünyanın bazı bölgelerinde iklim değişikliğine yol açtığı bilinmektedir. Hava kirliliğinin insanlarda neden olduğu "çevre hastalıkları" giderek önem kazanmaktadır. Teknolojik gürültünün insan bedeni ve verimliliği üzerinde olumsuz etkileri olduğu saptanmıştır. İnsanları toplu olarak yok etmeyi amaçlayan silahların yapımı ve denenmesi sonucu havada biriken radyoaktivite, cıva, vb. zehirli maddeler besinlerimize de bulaşmış durumdadır. Bu sorunlara bir an önce çözüm yolu bulmanın zorunluluğu ve bu konuda yitirilecek zaman olmadığı görüşlerini tüm bilim adamları paylaşmakta ve insanlar da bu sorunların yarattığı tehlikelerin giderek daha çok bilincine varmaktadırlar. Ne var ki, alınan önlemler henüz yeterli olmaktan uzaktır ve daha önemlisi, teknolojik gelişmeler denetimden çıkmışçasına giderek hızlanmaktadır. Vaktiyle doğayla olan mutlu beraberliğinden kopan insan, onun yerine geçecek ve yaşamına anlam katacak bir başka beraberliği bulamadığı gibi, artık doğaya da geri dönememiş ve umudunu uzaydaki başka dünyalara yöneltmiştir.

Üstün güçlü ülkelerin siyasal öğretileri arasındaki yarışmalar, gelişmekte olan ülkelerde eski ve yeni arasındaki tutarsızlıklar ve belirli bir toplum içindeki değerler arasındaki farklılıkların tümü "kültürler çatışması" terimiyle tanımlanır. 1960'larda, eski ve yeni arasındaki farklılıkların giderek azalacağına, hatta hızlı kitle ulaşım ve iletişim araçları yoluyla toplumlararası farklılıkların da azalarak ortak bir dünya kültürünün oluşacağına, böylece dünyamızın bir "küresel köy"e dönüşeceğine inanılmıştı. Ancak böylesi bir çağdaşlaşma, özellikle gelişmekte olan toplumların ulusal kimliklerinin yitirilmesi tehlikesini yarattığından, karşıt bir tepkiye de yol açmış ve birçok toplumun süregelen değer ve inanç sistemlerine eskisinden de çok sarılarak tarihlerinden kopmamak için direnmelerine neden olmuştur.

Gelişmiş toplumlarda da teknolojik çağa karşı tepkiler olmuştur. Kendilerine amaç edinmiş oldukları "refah toplumu" düzeyine eriştiklerinde bireyler, sahip oldukları maddi bolluğa karşılık, boşluk, anlamsızlık ve yabancılaşma gibi daha önce hiç tanımamış oldukları duyguları yaşamaya başlamışlardır. Buna karşı ilk tepki, refah toplumu kavramını kıyasıya eleştiren "karşıt kültür" akımları biçiminde olmuştur. Çoğu, düşünü ve süre yönünden gelip geçici olan karşıt kültür akımları, içinde yaşadıkları kültüre karşı çıkma ya da ondan soyutlanma eğilimleriyle belirlenirler. Bu gruplar bir kabukla örülmüşçesine yaşarlar ve gerçeklik sınamaları bozulmuştur. Kendi dışındaki insanları reddederler ve üyelerinde giderek o gruba özgü kişilik özellikleri gelişir. Ağır kişilik bozukluğu gösteren kişiler bu gruplarla kolayca kaynaşırlarsa da, genelde uyumlu olarak nitelendirilebilecek bazı insanların da gençlik dönemlerinde bir süre için bu gruplara katıldıkları gözlemlenmektedir.

Başlangıçta karşıt kültür akımlarının bir bölümü şiddet yanlısıydı ve kısa bir sürede düşünü akımı olmaktan çıkıp bireysel terör örgütlerine dönüştüler. Daha sonra uluslararası politik şiddet eylemlerinin bir parçası durumuna gelerek özgünlüklerini yitirdiler. Barışçıl karşıt kültür akımlarının ilk örneği ise "hipilik"ti. Geleceğe doğru denetimden çıkmış bir hızla ilerleyen teknolojik toplumlara karşı çıkan hipiler, insanın yeniden doğaya dönmesi gereğini savundular. Ünlü tarihçi Edward Toynbee'nin, "Batı toplumlarına karşı kırmızı uyarı ışığı" olarak nitelediği hipilik, ilk günlerinde birçok düşünür ve din adamı tarafından da desteklendi. Ne var ki, bu akım çok kısa bir süre içinde uyumsuz kişilerin egemenliği altına girdi, yozlaştı ve yok oldu. Çünkü hipilerin göremediği, insanın doğayla olan beraberliğine yeniden kavuşabilmesi için artık çok geç olduğu gerçeğiydi. Hipiler ortadan kayboldu, ama sanata ve düşünceye yaptıkları etkilerin izleri günümüze dek süregeldi. İnsanlar doğal çevrenin korunması için daha etkin bir çaba göstermeye başladılar. Sürekli olarak geleceğe yönelik tasarımlar yapma yerine içinde bulunulan anı yaşamaya ve değerlendirmeye, düşüncenin yanı sıra duygulara, törensel ilişki biçimleri yerine içten geldiğince davranmaya, başarı kazanmak için sürekli didinmek yerine yakın insan ilişkilerine, ölçülülük yerine olabildiğince yoğun yaşantılara önem verildi. İnsanların başarı hırsıyla kişisel anıtlarını dikmeye uğraşacakları yerde, herkes için daha iyi bir yaşam yaratmaya katkıda bulunmaları gerektiği ve teknolojik gelişmenin insanı insanlıktan çıkarmaya başladığı görüşleri ortaya çıktı. Ama bu görüşlerin çoğu uygulamaya dönüşemedi.

Öte yandan, gelişmiş toplumlarda küçümsenemeyecek sayıda bir diğer grup insan da hızlı değişmeye karşı direnerek vaktiyle terk edilmiş bazı değerleri ve inançları yeniden canlandırma çabasına girmiş durumda. Mistisizm, büyücülük, batıl inançlar, ortaçağdakileri andıran tarikatlar ve yıldız falları, özellikle hızlı değişimler karşısında şaşkın ve kendisini yönetmekte güçlük çeken insanlar tarafından benimsenmekte. Bu insanların bazıları o denli yönetilme ihtiyacındadır ki, yakın bir geçmişte bir tarikatın üyeleri, liderlerinin buyruğu üzerine toplu halde intihar etmeyi bile kabul edebilmişlerdi. Ama New York kentinin Grand Central tren istasyonunda para atılarak yıldız falı bakılan bir bilgisayar, teknoloji çağının getirdiği çelişkilere en çarpıcı örneklerden biri olsa gerek.

İleri teknolojik düzeye ulaşmış toplumların yaşamakta olduğu kendine özgü sorunlarına karşılık, gelişmekte olan toplumlar da kendi yapılarının özelliklerine göre, dünyanın bu hızlı gidişinden çeşitli biçimlerde etkilenmektedirler. Özellikle, çok kısa bir dönem içinde geleneksel toplum yapısından çağdaş bir topluma dönüşme zorunluluğunun bireyler üzerinde oluşturduğu zorlamalar çeşitli uyum sorunlarına yol açabilmektedir. Ülkemizde gözlemlenen hızlı kentleşme ve yabancı ülkelere göç gibi olgular da Türk toplumu bireylerinin daha önce hiç tanımamış oldukları sorunlarla karşılaşmalarına neden olmuştur. Bu arada Anadolu'nun da yüzyıllar boyu süregelmiş geleneksel örüntüsü, özellikle son yirmi beş yılda gözlemlenen toplumsal değişmenin hızlı temposu karşısında çözülmeye başlamış ve önceden kestirilemeyecek bir süre için bireyleri, gerekli varsayımlar sisteminden ve geleneklerin sağladığı ortak psikolojik savunma mekanizmalarından kısmen de olsa yoksun bırakmıştır. Ayrıca, çağdaş dünyaya uymayan bazı töreler terk edilirken, toplumun yaşam felsefesini oluşturan bazı temel değer sistemlerinin gereksiz yere mi yitirilmekte olduğu sorusunun da ortaya çıkmasına neden olmuştur.

Gerçi kırsal alanlardan kente ya da yabancı ülkelere göç eden gruplar Türk toplumunun en canlı ve yeniye açık kesimini oluşturmaktadır, ama yine de bu insanlarda toprağa duydukları özlem ve doğadan kopmakta olmanın acısı açıkça gözlemlenebilmektedir. Geçiş toplumu denilen grubu oluşturan bu insanlar, önce kentin çevresinde küçük köy evlerinin benzerlerini kurmakta ve kentin toplumsal yapısı onları yutana dek orada geleneksel yaşantılarını sürdürmede direnmektedirler. Bir yandan geleneksel yapıyı sürdürmeye çalışırken, diğer yandan kentin içine nüfuz etmeye çalışarak dışlanmışlık duygusundan kurtulmayı istemek, geçiş toplumunun yaşadığı çelişkilerin temelini oluşturmaktadır.

Aslında, dışlanmışlık duygusundan kurtulma çabaları sırasında yaşanan engellenme ve bunun yarattığı bazı bunalımlar sağlıklı ve güdüleyici bazı öğeleri de içerir. Bu bunalımlar, bazı gelişmiş Batı ülkelerindeki gettolarda gözlemlenen küskünlükten farklı olarak, bir umudu da içerir. İmparatorluğun son dönemlerinde, İstanbul ile Anadolu kültürlerinin birbirlerine giderek yabancılaşmalarından kaynaklanan büyük kent ile köy yaşam biçimlerinin farklılığı, bazı geçiş toplumu bireyleri tarafından abartılmış bir biçimde algılandığından, bu insanlar kentin merkezine geçişi toplumsal sınıf atlama ile karıştırmaktadırlar. Bu olgu bazı insanların kısa sürede güç ve para kazanma hırsı içinde yoğun engellenme duyguları yaşamalarına ve kendilerinin de kent yaşam biçimini ne denli etkileri altına aldıklarını görememelerine neden olmaktadır. Geçiş toplumunun Ankara ve İstanbul nüfusunun ve toplam Türkiye nüfusunun yarıdan fazlasını oluşturduğu göz önünde bulundurulduğunda, öteden beri kentte yaşamakta olan insanların da kentlerine yabancılaşmaları kaçınılmaz bir sonuç olmuştur. Dolayısıyla, yabancılaşmayı iki taraf da yaşamaktadır ve gerçekte, bir senteze ulaşana dek sürecek olan bir alt-kültürler çatışması söz konusudur.

Geleneksel toplumlarda davranışların çoğu diğer insanların beklentilerini karşılamak için yapılır. Dostlar, düşmanlar ve insanın önem verdiği diğer kişiler, onun benliğini biçimlendirirler. Çağdaş toplumlar ise insanın varoluşundan haberdar olabilmesine ve kendi iç yaşantısı doğrultusunda davranmasına öncelik tanır. Bir başka deyişle, bir insanın gerçek kimliği, yaşadığı olayların ne olduğuna değil, o olayların kişi tarafından nasıl yaşandığına göre belirlenir. Kendisini geleneksel değerlerle yönetmeye alışagelmiş insanlar birden bundan yoksun bırakılıp kendi varoluş sorumluluğu ile yüzleşmek zorunda kalırsa "kimlik bunalımı" denilen olgunun yaşanması da kaçınılmaz olur. Hızlı toplumsal değişimin oynak koşulları insanı çabuk karar alma zorunda bırakır. Oysa özgürce seçim yapma konusunda çağdaş dünyanın koşullarına hazırlıklı olmayan kişiler ancak, alışılagelmiş, onaylanacağı önceden belirlenmiş, kurallara uygunluğu saptanmış kararları verebilirler. Bu, bir üst otoritenin (baba, kurum, töre, Tanrı) kararlarını yinelemekten öteye gitmeyen, esneklikten ve yaratıcılıktan yoksun bir olgudur. Dolayısıyla, alışılagelmişin dışında bir durumla karşılaştıklarında paniğe kapılmaları da doğaldır.

Geleneksel toplumdan çağdaş topluma geçiş, otorite kimliğinin de sarsıntı geçirmesine neden olur. Kimi, her şeyi bilir görünen, eleştiriye kapalı ve dayanaktan yoksun yargılarda bulunan bir otorite kimliğini benimserken, kimi otoritesinin gerektirdiği sınırları yeterince çizemez. Benzer bocalamalar toplumun otorite ile olan ilişkisinde de gözlemlenir. Kimi, otoriteye, inançlarına ve geleneklerine eskisinden daha çok bağlanarak toplumsal değişimin getirdiği kaygı ve yabancılaşmaya karşı kendisini korumaya çalışır. Kimiyse tepkici davranışlar gösterir. Engelleyici bir kurum olarak algıladığı otoriteye karşı açık ve sürekli bir öfke yaşar. Ne var ki, otoriteye kayıtsız şartsız boyun eğme kadar, ona yönelik ve ona göre ayarlanmış karşıt tepkiler de insanın gelişimini ve içsel özgürlüğünü kısıtladığından, bu kişilerin tepkileri zaman zaman saldırgan ve yıkıcı ölçülere ulaşabilir. Dolayısıyla bu tür insanların kendilerine tanınan hakları sağduyu ölçüleri içinde kullanamadıkları, var olan kurumlara yalnızca karşı çıkarak, yapıcı, yaratıcı ve gerçekliğe uygun öneriler getiremedikleri de sık gözlemlenen durumlardır.

Türk toplumunun geçirmekte olduğu hızlı değişim sonucu ortaya çıkan kimlik bunalımına karşı yakın geçmişte en sık başvurulan çözüm yolu "kimlik geçişmesi" olmuştur. Bu olgu, spesifik olarak, politize olma biçiminde ortaya çıkmış ve kişisel varsayımlar sistemlerini geliştirmekte güçlük çeken kişiler politik öğretilerde kimlik bulmaya çalışmışlardır. Bu, kimliği gelişmiş bir insanın politik bir inancı benimsemesi ve savunmasından farklı bir olgudur. Geçici bir süre için benliğin dağılmasına karşı bireyleri koruyabilen kimlik geçişmesi, giderek yukarıda sözü edilen tutucu ve tepkici örüntülere politik nitelik kazandırmış ve toplumun kazandığı dinamik gücün bir bölümü de kendine karşı yıkıcı bir yöne doğrulmuştur. Ne var ki, bireyler gibi toplumların da kendini bulma yolunda karşıt kutuplar arasında bocalamalarını, daha yapıcı ve daha yaratıcı bir güce ulaşma yolunda çekilen doğal sancılar olarak kabul etmek gerek. Psikolojik tedavide de başlangıçta edilgin ve boynu bükük olan kişi, bir süre sonra dinamizm kazanmaya başladığında, önceleri bu gücüyle ne yapacağını bilemediğinden çevresindekileri şaşırtıcı oranda bazı aşırı davranışlar gösterir, ama daha sonra kendi kişiliğine uygun ve yapıcı davranışları kendi seçimiyle benimseyerek etkin bir insan durumuna gelir.

İnsan organizmasının günümüz toplumlarının çığrından çıkmış hızına dayanıklı olup olmadığı bilim adamları tarafından araştırılmış ve çoğu, insanın yenilikleri benimseme yeteneğinin sınırlı olduğu sonucuna varmıştır. Hızlı değişikliklere uyum gösterebilse de, bu değişiklikleri gerçekten özümseyebilmesi için, insanın yeni olaylarla geçmiş arasında bir ilişki kurabilmesi, yaşamının denetimini elinde tutabilmesi ve nereden gelip nereye gittiğinin durum değerlendirmesini yapabilmesi gerekmektedir. Oysa çağımız insanının bunu gerçekleştirebilmesi giderek güçleşmektedir. Böyle hızlı bir değişim içinde, bazı toplumlarda bir kuşakta benimsenen değerler bir sonraki kuşakta tümden reddedilmektedir. Margaret Mead, Yeni Gine'de ana babası yamyam olan bazı gençlerin bugün tıp öğrenimi yapmakta olduğunu gözlemlemiştir.

Değişme hızı, insanları doğruyu yanlıştan ayırmalarına olanak bırakmadan karar vermeye zorlamaktadır. Dolayısıyla davranışlar çoğu kez, geleceğe yönelik bir tasarının parçası olmaktan çok, o anda beklenmedik bir biçimde karşılaşılan durumlara gösterilen yalın tepkilerden ileri gidememektedir.

Buzdolabı, televizyon ve çamaşır makinesi aynı anda çalışırken bir de elektrik sobasının düğmesini çevirirsek evimizin elektrik sistemi aşırı yüklenir ve sigorta atar, hatta elektrikler tümden kesilebilir. Bu duruma "aşırı yükleme" denir. İnsan beyni de karmaşık bir elektrik şebekesidir, aşırı bilgi ve uyarımla yüklendiğinde kısa devre yapar. Böyle durumlarda genellikle bağlantılar yeniden kurulur ve beyin işlevlerini sürdürebilir. Ama bazı durumlarda ağır ve kalıcı bir hasar da söz konusu olabilir.

Günlük yaşamımızdaki aşırı yüklemelerin bazılarını hepimiz biliyoruz. Radyo, televizyon ve gazeteler her gün istesek de istemesek de bize bunları iletiyor. Ancak bizi asıl yoran, günlük yaşamımızda farkına varmadan maruz kaldığımız bilgi ve uyarım bombardımanları. Yasaların ve vergilerin içinde bulunulan dönemin koşullarına göre sık sık yeniden düzenlenmesi, oynak petrol fiyatlarının ve yüksek enflasyon düzeyinin sürekli bütçe ayarlamalarına neden olması ve bireyin sistemle olan ilişkisindeki bürokratik süreçlerin giderek karmaşıklaşması gibi değişikliklerin ilk şaşırtıcı etkisi geçtikten sonra yeni duruma uyum sağlayabilsek de kısa bir süre sonra yeniden uyum sağlamamız gereken bilgilerle karşılaşıyoruz. Trafiğe çıktığımızda yalnızca çok sayıdaki kural ve işarete dikkatimizi vermekle yetinmeyip her an ortaya çıkabilecek beklenmedik durumlara karşı tetikte olmamız da gerekiyor. Çağdaş teknoloji tıp alanındaki gelişmelere katkısıyla insanın ortalama yaşam süresini uzatmıştır. Ancak bunu gerçekleştirebilmek için insanların da orta yaşla birlikte bir dizi beslenme kuralını vb. önlemleri öğrenmeleri ve uygulamaları, daha önce varlığından hiç haberdar olmadıkları biyokimyasal maddelerin kanlarındaki oranını izlemeleri gerekmektedir.

1974 yılının Eylül ayında yaptığı bir konuşmada o zamanki Birleşmiş Milletler Genel Sekreteri Kurt Waldheim, dünyamızın bir "çaresizlik" bunalımı geçirdiğinden söz etmiş, dünyayı egemenliği altına alan ve kaderciliğin eşlik ettiği yaygın ürküntüden duyduğu kaygıyı dile getirmişti. Kadercilik ve uyuşukluk, çevreyle baş edememenin doğal sonuçlarıdır. Deneysel olarak aşırı yüklemeye maruz bırakılan bir kobay da sonunda sessizce bir köşeye çekilir ve ayaklarını ağzına götürerek amaçsızca çiğner.

Geçmiş kuşakların ustası gönlünü vererek yarattığı üründen ötürü gurur duyar, sanatını yakın ilişki içinde bulunduğu çırağına en az birkaç yıllık bir sürede öğretir, bireyleşmiş olmaktan ötürü kendine saygı duyardı. Günümüz çalışanıysa, sistemi oluşturan mozayiğin yalnızca çok küçük bir parçası. Üstelik çoğu kez sistemin bütününden ya da sistem içerisindeki yerinden de haberdar değil. Bireyin sistem içerisindeki yerini hiçe indirgeyen böylesi bir dünyanın insanda yarattığı kopukluk bazen davranış bozukluklarına neden olmaktadır. Aslında çağdaş toplumların en önemli ruh sağlığı sorunu da budur!

İkinci Dünya Savaşı'ndan bu yana geçen süre içinde çağdaş toplumlar kendine özgü bir olguyu da birlikte getirmiştir. İnsan eskisinden çok daha fazla sayıda insanla, çok daha kısa süreli, daha yüzeysel ilişkiler kurma eğilimindedir. Bu, soğuk bir günde karşılaşan bir grup kirpinin öyküsüne benzer. Kirpiler ısınabilmek için birbirlerine sokulurlar, ama dikenleri birbirine batar. Birbirlerinden ayrıldıklarındaysa soğuktan rahatsız olurlar. İleri geri hareket ederek sonunda dikenlerini batırmadan birbirlerini ısıtabilecekleri en uygun uzaklığı bulurlar.

Çağdaş toplumlarda incinmek ve diğerlerini incitmek eskiden olduğundan daha kolay. İnsanlar birbirleriyle eskisine oranla daha çeşitli biçimlerde ilişki kuruyorlar. Bunun sonucu kendimizi koruyacak savunma sistemleri geliştiriyoruz, incinmemek için diğer insanlara tereddütle yaklaşıyoruz. Diğer insanlara zarar vermemek için onlarla ilgilenmemek, her insanın kendi başının çaresine bakmasını gerektiriyor. Bunun getirdiği yalnızlığa dayanamayan birçok kişi alkol, uyuşturucu madde, vb. araçlarla çevresine yabancılaşmasının verdiği acıdan kurtulmaya çalışıyor. Hiçbir şeye bağlanamamak insanın boşluk ve anlamsızlık duyguları yaşamasına neden oluyor.

Dünyayı politik liderlerin ve sistemlerin yönettiği bir gerçek mi? Yoksa, insanın kendisinin yarattığı ve teknoloji denilen bu dev başına buyruk hızla ilerliyor ve politik sistemlerle liderler de dahil olmak üzere hepimizi birlikte sürüklüyor mu? Özgür insanın uygarlığın ürünü ve göstergesi olduğunu söyleyenler özgürlükle neyi kastediyorlar? İnsanlık kendi geleceğinin denetimini elinde tutamadığında özgürlükten söz edilebilir mi? Bunların yanıtını sizlere bırakıyoruz!

Toplumun birey üzerindeki etkisi ne denli yoğun olursa olsun yine de kendi küçük dünyasında olup bitenler onun için öncelik taşır ve içinde yaşadığı toplum ne tür dönüşümlerden geçerse geçsin davranışlarını insan doğasının gereği doğrultusunda sürdürür. Amacımız insanı kendi yakın çevresiyle olan ilişkileri içinde değerlendirmekle sınırlandığından, bundan sonraki bölümlerde önce, insanın engellenmeler sonucu geliştirdiği ve kendisine ve çevresine dönük yıkıcı davranışlarının gerisindeki dinamik güçlerin tanıtılmasına çalışılacak, daha sonra kendisinde doğal olarak var olan yapıcı ve yaratıcı eğilimlere nasıl etkinlik kazandırabileceği tartışılacaktır.

Bir insanın ilişkileri ana-babasıyla başlar. Bu öylesi bir beraberliktir ki, bıraktığı izlerin bazıları yaşam boyu varlığını sürdürebilir ve yetişkin insanın dünyasını algılama biçimini etkileyebilir. Bir insanın gerçeklerini anlayabilmek onun geçirdiği evrimin değerlendirilmesini de içerdiğinden, asıl konumuza geçmeden önce ana-baba ve çocuk ilişkilerini genel çizgileriyle gözden geçirmekte yarar görüyoruz.

Ana-Baba ve Çocuk

DÜNYADA hiçbir canlının yavrusu, yeni doğan bir bebek kadar bakıma ve korunmaya muhtaç değildir. Bebeğin insan çevresinin ve özellikle annesinin olumlu ve olumsuz davranışları, onun üzerinde yaşam boyu kalıcı izler bırakabilir. İnsan davranışlarının oluşumunda kalıtım ve çevrenin paylarının ne oranda olduğu henüz kesinlikle belirlenmemiştir. Yirminci yüzyılın ilk yarısında, psikanaliz ve ondan kaynaklanan kuramların etkisiyle, davranışların birey-çevre ilişkilerinin bir ürünü olduğu ve kalıtımın yalnızca bedensel özellikleri belirlediği görüşü egemendi. Daha sonraları ise yeni doğmuş bebeklerin çeşitli uyaranlara farklı tepki gösterdikleri gözlemlenmiştir. Belirli bir duruma bazı bebek dayanıklılık gösterirken, diğeri aynı uyaranı tepkiyle karşılar. Kimi en ufak bir ses ya da ışık uyaranı ile tedirgin olur ve ağlar. Bir diğeri ise aynı uyaranlara ilgisiz kalabilir. Bir grup insanın bebeklikten yetişkinliğe ulaşana dek aralıklı incelenmesi sonucu, bu eğilimlerin yaşam boyu değişmediği ve çevresel etkenlerden bağımsız özellikler olduğu anlaşılmıştır.

Son yıllarda genetik alanındaki hızlı gelişmeler, yukarıda tanımladığımız tepkilerden çok daha karmaşık davranış özelliklerinin de kalıtsal olabileceği yolunda bazı ipuçlarını içermektedir. Ancak, kalıtımla getirdiklerimizin yalnızca bazı eğilimler olduğu sanılmaktadır. Bu eğilimlerin sonradan hangi kişilik özelliklerine dönüşeceği yine birey-çevre ilişkisi tarafından belirlenir.

Yeni doğmuş bebeğin tüm ilişkisi annesiyledir. İlk bakışta bebeğin temel ihtiyaçları açlık, soğuk, altını kirletme gibi bedensel rahatsızlıklarının giderilmesidir. Ancak, yaşamın birinci yılında insanın çevresine karşı geliştirdiği güven ya da güvensizlik duygularının temeli de atılır. Çevreye güven duyma ile kendine güven birbirinden farklı olgular değildir. İnsan kendisine güvenirse, diğer kişilerden de korkmaz; diğer insanlardan korkan biri ise çaresizlik duyguları yaşar. Bir insanın kendine güvenmesi çocukluk yıllarında çevresine duyduğu güvenle başlar. Bu duyguyu sonradan, kendinden elde edebilmesi oldukça güçtür.

Bebek, görünürde sevecen de olsa annesinin kendisine karşı tutumunun içten ya da zorlama olduğunu kolayca algılar. Sezgi yoluyla olan bu algılama yetişkinlerdeki gibi bilinçli bir olgu değildir. Aslında, çocuklar sezgileri aracılığıyla çevrelerinde olagelen her şeyi fark ederler, ama özellikle kendilerine acı veren durumları derhal bilinçaltına iterler. Sezgi yoluyla algılama yetişkinlerde de vardır, ama çoğu insanda bu, düşünce ve duygular tarafından örtülür. Çoğu kez bir insana ya da duruma ilişkin ilk izlenimimiz, birkaç saniye de sürse, yerinde ve doğrudur. Sonradan o kişiye ya da duruma karşı geliştirdiğimiz yargı, düşünce ve duygularda yanılgı payımız daha çoktur.

Bebekte temel güven duygusunun oluşumunu engelleyen en önemli etmenlerden biri de, kaygılı annedir. Kaygılı anne, aslında, yetişkin yaşamının sorumluluklarını üstlenebilecek güce yeterince sahip olmayan biridir. Anneliğe de gereğince hazır değildir. Çoğu kez kendi annesi de kaygılı biridir. Çünkü kaygı bulaşıcı bir duygudur. Aramızdan biri paniğe kapıldığında, kısa bir süre için de olsa benzer bir duyguyu biz de yaşarız. Bebek de tek güven kaynağı olan annenin kaygısını kolayca kendi varoluşunun bir parçası durumuna getirir. İleride sürekli tedirgin ve kolayca telaşa kapılan bir yetişkin olmak üzere! Temel güven duygusunun oluşumunda annenin tutarlılığı büyük önem taşır. Bu, yalnızca bebeğin bedensel ihtiyaçlarının karşılanmasını değil, bunun belirli bir düzene sokulmasını da içerir. Beslenme, uyku, vb. ihtiyaçların bir döngüyü izlemesi ve bunun aksatılmaması gerekir. Belirli aralarla annenin kendisiyle ilgileneceğini bilmek çocuğa güven sağlar. Yaşamının ilk yıllarında bundan yoksun kalan kişi, yetişkin döneminde belirsizliklere karşı aşırı duyarlıdır. Kolayca paniğe kapılabilir.

Freud, yaşamın ilk yılında bebeğin ruhsal ve bedensel doyumunu daha çok ağız yoluyla ve emme eylemiyle sağladığını vurgulamıştı. Bu, günümüzde de genellikle kabul edilen bir varsayımdır. Ne var ki, bebeğin ruhsal gereksinimlerinin salt ağız bölgesi etkinlikleriyle sınırlandırılmaması gereğini savunanlar da çoktur. 1960 yılında Amerika Birleşik Devletleri'nde yapılan deneysel bir araştırmada, bir hastanede yeni doğan bebeklere, yetişkin bir insanın kalp sesleri dinletildiğinde bu bebeklerin çoğunun ağlamayı kestikleri ve bir bölümünün uykuya daldıkları gözlemlenmişti. Bunu izleyen bir diğer gözlemde, annelerin bebeklerini genellikle göğüslerinin sol yanında, kalbin bulunduğu bölge üzerinde tuttukları fark edilmişti. Gerçi bu, sağ elin egemen olmasının doğal bir sonucu da olabilirdi, ama bazı solak annelerin de bebeklerini sol yanlarında tuttukları ayrıca gözlemlenmişti. Bu gözlemlerden hareket ederek geliştirilen bir varsayıma göre bebek, dölyatağındayken titreşimlerini algıladığı annenin kalp atışlarını doğduktan sonra da bir süre algılama ihtiyacındadır. Bu, hiçbir çaba göstermeden var olabildiği, rahat ve sıcak dölyatağının sağladığı güven ortamından birden yoksun bırakılmış olmanın yarattığı tedirginliği kısmen olsun azaltır.

Maymunlarla yapılan bir diğer araştırma da oldukça ilgi çekici. Süt çağındaki yavru maymunlar annelerinden ayrılarak cansız maymun modellerinin bulunduğu bir ortama konuyorlar. Model annelerin bir kısmı bezden yapılmış ve göğüslerinden süt geliyor. Diğer modeller ise gerçek maymun derisinden yapılmış ve maymunların doğal beden ısısı verilmiş. Bu koşullarda yavru maymunların acıktıklarında bezden yapılmış maymunlardan süt emdikleri, ama geri kalan zamanı maymun derisinden yapılmış modellerin kucağında geçirdikleri gözlemlenmiş. Beslenme yolu ile doyum sağlama kadar, anneyle temasın önemini göstermesi bakımından da oldukça düşündürücü bir deney. 1960'larda ABD'de, insanların birbirine dokunmalarının önemini vurgulayan bir akım ortaya çıkmış, hatta kişilerin birbirlerini dokunarak hissetmelerine ortam sağlayan grup uygulamaları yapılmıştı. 1940'larda aynı ülkede, anne memesinden vazgeçerek bebekleri biberonla besleme uygulamaları oldukça yaygındı. Gerçi sonradan bu uygulamadan vazgeçilmişti, ama 1940'ların bebekleri 1960'ların yetişkinleri olduğuna göre bu iki olgu arasında bir ilinti olup olmadığı sorusu da akla gelmekte. Aslında anne ve bebek ilişkisi, herhalde, meme emme, kalp sesleri, beden ısısı ve kokusu gibi etmenlerden çok daha karmaşık ve henüz bilemediğimiz bazı diğer öğeleri de içermekte.

İnsanlar vardır, bilirsiniz, başkalarından sürekli bir şeyler bekler ya da isterler. Aslında bu, bir insanın ihtiyaçlarını kendisinin karşılamasından çok daha büyük bir çabayı gerektirir. Üstelik onur kırıcıdır da. Ama onlar için önemli olan, diğer bir insanın ya da insanların kendileri için bir şeyler yapmasıdır. Bunun için her şeye katlanırlar. Genellikle bu tutumlarının bilincinde değildirler. Amaçları diğer insanları sömürmek değil, bir şeylerin hazırca kendilerine verilmesidir. Aşırı bağımlıdırlar ve kendi sorumluluklarını başkalarının üstlenmesini beklerler. Onların çevremizdeki varlığından sıkılabilir ya da bize yük olduklarını düşünebiliriz. Ama çoğu kez kendi bağımlılığımızdan ötürü onları çevremizde tutarız. Kendilerine bir şeyler verildiği sürece bizden kopmazlar. Bir diğer deyişle, böyle kişiler kronolojik olarak yetişkin, hatta entelektüel yönden iyi gelişmiş olsalar bile, bebeklik yıllarının asalak varoluş biçimini sürdürürler.

Bebeklikten yetişkinliğe giden yol, kişiliğin duygusal ve zihinsel yönlerinin sürekli gelişmesi ve olgunlaşmasıyla aşılır. Ancak, insanda kişiliğin bazı yönleri belirli bir aşamada takılır ve gelişimini sürdüremez. Bunun sonucu, o insanda bazı olgunlaşmamış kişilik özellikleri yaşam boyu varlıklarını sürdürür ve karakter yapısının bir bölümünü oluştururlar. Böyle bir kişilik, uyumlu bir bütünleşmeden yoksun kalır. Biyolojik olgunlaşma ile duygusal tepkiler, duygusal tepkiler ile entelektüel gelişme arasında bir uyuşmazlık görülür. Orta yaş dönemine ulaştığı halde delikanlı davranışları gösteren, mesleğinde üstün başarı sağladığı halde kişisel ilişkilerinde ilkel tepkiler veren insanlara sıklıkla rastlarız. Bir görüşe göre, bu gibi durumlar belirli bir gelişim döneminde aşırı doyum sağlanması ve çocuğun bu dönemi bırakmak istemeyişi sonucu ortaya çıkar. Bir diğer görüşe göre ise aynı durum, belirli bir dönemde ihtiyaçların karşılanmaması ve doyum bulamama sonucu görülür. Aslında, ihtiyaçların aşırı karşılanması kadar, gereğince karşılanmaması da çocuğa verilen hasar yönünden benzer sonuçlar doğurur.

Kendilerine ve çevrelerine uyum sağlamış ana-babaların çocukları, kendilerine sağlanan destek ve önderlik sayesinde giderek benliklerini geliştirir, bütünleştirir ve özerk varlıklar olarak yetişkin yaşama ulaşırlar. Kendi yetersizlikleri nedeniyle reddedici ya da aşırı koruyucu tutumlar gösteren ana-babaların çocukları ise kendilerine ayrı bir varlık olarak değer verilmediğinden kişiliklerini bütünleştiremezler. Yetişkinliğe ulaştıklarında da çocukken doyurulmamış ihtiyaçlarını diğer insanlardan karşılayabilmek için umutsuzca çabalarlar.

"Pamuk Prenses" ve "Külkedisi" gibi dünyaca bilinen bazı çocuk öykülerinde, çocuklara haksızlık yapanların cezalandırıldığı ve yazgının her zaman çocuktan yana olduğu işlenir. Batı kültüründen kaynaklanan öykülerde annelere pek ilişilmez ve genellikle üvey anne, kötü ana simgesi yerine kullanılır. Diğer bazı kültürlerde ise bu konu dolaylı olarak işlenir. Ama aslında gerçek, öykülere benzemez. Çağlar boyunca ve çeşitli uygarlıklarda dünyaya gelişleri hoş karşılanmamış çocukların sayısı oldukça kabarıktır. Eski Isparta uygarlıklarında cılız ve sakat çocukların yaşamasına izin verilmezdi. Çinliler iki cins arasındaki dengeyi korumak için bazen yeni doğmuş kız çocuklarını açıkta bırakarak ölüme terk ederlerdi. Dünyanın çeşitli bölgelerinde, doğan ikizlerden birini öldürme geleneği uzun süre korunmuştur.

Günümüzde, bir çocuğun doğduktan sonra öldürülmesi oldukça seyrek görülür. Bu çocuklar genellikle yasak bir ilişkinin ürünüdür. Buna karşılık doğum öncesinde çocuğun yaşamına son verilmesi oldukça yaygındır, ama yine de istenmeden dünyaya gelen çocukların sayısı oldukça fazladır. Bu çocukların kimi, anne ve babalarına atmış oldukları yanlış adımı sürekli hatırlattıkları ya da istenmeyen bir evliliği zorunlu duruma getirdikleri için reddedilirler. Bir diğer bölümü ise önceden tasarlanmadan, bir "kaza" sonucu dünyaya gelenlerdir. Süregelen ekonomik sıkıntıların, bir boğazın daha eklenmesiyle artması ya da çok çocuklu bir annenin son gelen çocuğunu gücünü aşan bir sorumluluk olarak algılaması, durumu pekiştiren etmenlerdir.

Hamileliğin fark edildiği anda, anne ve babanın bu olaya ilişkin yaşadığı ilk duygular oldukça önemlidir. Salt kabul ya da redden öte, oldukça karmaşık ve çok yönlü olan bu duyguların bir bölümü kalıcıdır. Bu duygular bazen anne ve babanın o dönemde yaşamakta olduğu durumlardan kaynaklanır. Parasal bunalımlar, mutluluk ya da anlaşmazlıklar, yalnızlık duyguları, başarılar ya da başarısızlıklar, doğacak çocuğa yönelik duygulara damgasını vurabilir.

Bu duygular bazı ana-babanın kendi geçmişinde gerçekleştiremediği umut ya da beklentileri de içerebilir. Anne ya da baba, kendi yaşamında yapmak isteyip de yapamadıklarının umudunu çocuklarıyla sürdürmek isteyebilir. Kimi ise vaktiyle annesi ya da babası ile yaşayamamış olduğu yakınlığı çocuğu ile gerçekleştirebileceği sanısına kapılır ve bu beklentilerini çocuğun yerine getirmesini bekler. Bazı ana-babalar, çocuklarına kendi anne ya da babalarının adını vererek bu durumu somutlaştırırlar. Kimi anne ve baba için ise özdeşleşme olumsuz yönde olur; kendi anne ya da babalarına duydukları kızgınlığı çocuklarına yansıtarak sürdürürler. Bazen anne ya da baba kendisine ilişkin bilinçdışı değersizlik duygularını çocuğuna yansıtabilir ve çocuğun kişiliğinde hoşlanmadığı kendisini görür. Böyle durumlarda genellikle çocuk ile anne ya da babanın cinsiyeti aynıdır, babanın duyguları oğlunda, annenin duyguları ise kızında yaşanır.

Anne ve babanın aynı çocuğa karşı hissettikleri farklı, hatta birbirinin tam karşıtı olabilir. Üstelik bazı ailelerde çocuklar anne ve baba arasında parsellenir. Genellikle kızlardan biri babanın, erkeklerden biri de annenin favorisi olur. Böylece aile içinde adeta birbirine karşı iki takım kurulur. Çocuklar karşı takımdaki anne ya da babaya yabancılaşır, olayları yandaşı oldukları anne ya da babanın gözüyle değerlendirme eğilimi gösterirler. Bu gibi durumlar, evlilikleri içinde kendilerini yalnız ve anlaşılamamış hisseden eşlerde daha sık görülür.

Çoğu ana-baba, hamileliğin fark edildiği anda filizlenerek varlığını sürdüren bu karmaşık duyguların bilincinde değildir. Kendilerine sorulduğunda, çocukları arasında ayrım yapmadıkları görüşünde direnirler ve gerçekten de öyle olduğuna inanırlar. Ancak burada belirtmek gerekir ki, doğumu tasarlanmamış ya da bebekliğin ilk günlerinde istenmemiş bir çocuğun, ileride de annesi ya da babası tarafından kabul edilmeyeceği kesin bir beklenti değildir. Dengeli ve uyumlu ana-babalar ilk şok geçtikten sonra durumu kabul edebilirler.

Aslında, görünürdeki nedenler farklı da olsa, anne ya da babanın çocuğu kabul edememesinin temelinde, ana-babalığı benimseyebilecekleri bir duygusal olgunluk düzeyine ulaşamamış oldukları gerçeği yatar. Bu ana-babalar, çocuklarında gözlemledikleri sorunlardan yine çocuklarını sorumlu tutarlar. Oysa, ana-baba ve çocuk arasındaki sorunların başlangıç noktası her zaman ana-babadır. Yeterli olgunluğa ulaşamamış anne ya da babalar, çocukla baş edememe kaygısını yaşarlar. Bu kaygı, çocukta olumsuz davranışlar ortaya çıkmadan da, ana-babanın çocuğa karşı korku ve hatta kızgınlık yaşamasına neden olur. Bu duygular denetlenemediğinde çocuğa karşı ilkel davranışlar gösterilir ve sonunda çocuktan da benzer tepkiler gelir. Böylece ana-baba, farkına varmadan olumsuz beklentilerini kendi davranışlarıyla gerçekleştirmiş olur. Çoğu ana-baba bunu göremez ve çocuğa karşı olumsuz duygularından ötürü kendilerini haklı bulma eğilimi gösterirler. Kimi ise sonradan bir suçluluk yaşar ve güvensizliği daha da artar. Her iki durumda da, ana-baba ve çocuk ilişkilerinde bir kısırdöngü oluşur ve çocukta uyumsuz davranışlar giderek yerleşir.

Başlangıçta çocuğun sorumluluğu yalnızca anneye aittir. Baba daha sonra bu etkileşime katılır ve çocuğun yaşamındaki önemi giderek artar. Annelik, bir kadının kadınlığına yeni bir boyut katar. Ne var ki, bir diğer insanın sorumluluğunu üstlenmeyi gerektiren bu olay, kendi bağımlılık sorunlarını çözememiş olan kadınlarda bazı çatışmalara ve olumsuz duygulara neden olabilir. Bir kadının anne olduğu zaman göstereceği davranışlar, yaşamının ilk yıllarında kendi annesiyle olan ilişkileri tarafından etkilenir. Gerçek anne sevgisinden yoksun kalmış kişiler, yetişkin yaşamda genellikle katı ve hırçın olurlar. Dolayısıyla böyle bir insanın dünyasına sıcak annelik duygularını yerleştirebilmek oldukça güçtür.

Yeni anne olan ve özellikle ilk çocuğunu dünyaya getiren kadınlar, kendilerine de annelik gösterilmesini isterler. Toplumumuzda bu beklenti büyükanneler tarafından karşılanır. Ancak bu durum, kendi çocukluğu mutsuz geçmiş bir kadında bastırılmış bazı anıları da canlandırabilir ve yeni annenin duygusal dünyası daha da karmaşıklaşabilir. Böyle bir zamanda babanın tutumu önem kazanır. Eşine yakınlık göstermeyen ya da çocuğun dünyaya gelişini isteksiz karşılayan bir erkeğin varlığı, annenin diğer sorunlarına eklendiğinde ciddi ruhsal bunalımlara neden olabilir.

Geleneksel evlilikler kadın ve erkeğin birbirini tamamlaması üzerine kurulur. Kadın ve erkeğin evlilik yapısı içerisindeki sorumluluk alanları oldukça iyi belirlenmiştir. Üstelik kadın, ilişkilerini kadınlar dünyasında, erkek ise erkekler dünyasında sürdürür. Bu durum kadınla erkeğin birbiriyle paylaştıkları şeyleri sınırlarsa da roller birbirine karışmaz. Aynı durum anne ve babalık rolleri için de söz konusudur. Geleneksel ailelerde, kız ya da erkek çocukların temel sorumluluğunu anne üstlenir. Çocukların uyumlu ya da uyumsuz olması annelerin başarısı ya da başarısızlığı olarak değerlendirilir.

Toplumumuz kadını için annelik özellikle önemli bir olaydır. Osmanlı İmparatorluğu'nun çöküş döneminde kadın giderek toplumun ikinci sınıf bir üyesi durumuna gelmiş, bazı kırsal bölgelerde bir kız çocuğun dünyaya gelişi utanç verici bir olay olarak bile karşılanmıştır. Gerçi Cumhuriyet döneminde kadın yasalar karşısında erkekle eşit olarak değerlendirilmiştir, ama köklü toplumsal dönüşümlerin birkaç kuşakta tamamlanabilmesinin olanaksızlığı nedeniyle, kırsal kesimde kadının geleneksel yeri gereğince değişememiştir.

Fizikteki bileşik kaplar yasası psikolojide de geçerlidir. Bir yönden yapılan baskı bir başka yönde boşalıma neden olur. Önce ikinci sınıf evlat, daha sonra gelin kimlikleri içinde ezilen kadın, anne olduktan sonra aile içinde giderek güç kazanmaya ve çocukları üzerinde egemenlik kurmaya başlar. O denli ki, birçok ailede görünürde baba tarafından alınan kararların asıl sahibi annedir, ama durum babanın erkeklik rolüne gölge düşürmeyecek biçimde yönetilir. Kararı anne verir, baba ilan eder. Kararların sonucundan ise baba sorumlu tutulur. Bu yönden değerlendirildiğinde, toplumumuzda aile yapısının biçimsel olarak babaerkil, ama gerçekte üstü kapalı bir anaerkil yapıya sahip olduğu bile söylenebilir.

Geleneksel aile yapısı içinde babanın durumu aslında oldukça güçtür. Genellikle biçimsel de olsa otoriteyi baba temsil eder. Kendisine duyulan saygı, korku ile eşanlam taşır. Anne, çocuklara daha yakındır ve onlara ilişkin konularda gerçek karar organıdır. Engelleyici ve cezalandırıcı nitelikte olan kararların uygulanması ise babaya bırakılır. Bu durum babayı aile içinde oldukça sevimsiz bir yere koyabilir. Geleneklerin kendisine verdiği bu rolü sürdürme durumunda kalan baba, çoğu kez çocuklarıyla yakın ve sıcak ilişkiler kurmaktan alıkonmuş olur.

Kadının anne olduktan sonra aile içerisinde önem kazanması, eziklik duygularından kurtulabilmesi için her zaman yeterli olmaz. Kimi kadın, erkeğin biçimsel otoritesine baştan boyun eğer ve edilginliği kabul eder. Böylece bağımlılık eğilimlerine doyum sağlamasının karşılığını, tutsaklık ve bundan kaynaklanan kızgınlık duyguları ile öder. Ancak, bileşik kaplar yasası çoğu kez burada da işler. Anne, ezikliğini bir "mağdur kahraman" rolüne dönüştürebilir ve çocuklarını tümden kendi yanına çekebilir. Böyle bir anne, ezikliğini kızlarına aşılayabilir ve onlara erkekleri kötü tanıtmaya çalışabilir, erkeklere duyduğu kızgınlığı ise oğulları üzerinde egemenlik kurarak ödünleyebilir. Kimi kadın ise aile içerisinde egemenlik kurmada fazla ileri gidebilir. Bu durum özellikle edilgin eğilimleri olan bir babanın varlığı ile pekiştirilir ve kadın, çocuklarının yanı sıra kocasının da annesi rolünü üstlenir. Böyle durumlarda kız çocuklar babayı ailenin mağdur kahramanı olarak görme eğilimindedirler. Erkek çocuklar ise aradıkları güçlü erkek modelinden yoksun kalmanın boşluğunu yaşarlar. Anne ise herkesi kendine bağımlı kılmasının karşılığını, kendi bağımlılık ihtiyacından yoksun kalarak öder.

Çağdaş evlilikler geleneksel evliliklerden farklıdır. Bu evliliklerde arkadaşlık öğesi güçlüdür. Dolayısıyla paylaşılan şeylerin sayısı da fazladır. Kadın ve erkeğin dünyaları birbirinden çok ayrı değildir. Ne var ki, bu gibi evlilikler bazen aşırı bağımlılığa ve rol kargaşasına da yol açabilir. Özellikle rol kargaşası çocuklar yönünden önemli bazı sorunlara neden olur. Geleneksel evliliklerde annenin ve babanın sorumlulukları belirgindir. Çağdaş evliliklerde ise çocuğa ilişkin herhangi bir konuda anne de, baba da kendi görüşlerini ortaya koyabilirler. Bu görüşler arasında önemli farklılıklar varsa ve uzlaşma yoluyla ortak bir tutum geliştirilemezse, çocuğun ana-babasına olan güveni sarsılır. Birçok ana-baba, çocuklarını ne denli sevdiklerini sık sık dile getirirler. Ancak, çocuğun sevgi ihtiyacı sözcüklerle karşılanmaz. Bir insanı sevmek, onun gerçeklerini anlamaya çalışmayı da içerir. Çocuk kendini tek başına yönetebilme yeteneğine sahip değildir. Neyi yapabileceği ya da yapamayacağı konusunda eğitilmesi gerekir. Bu eğitim çocuğa, içinde bulunduğu gelişim dönemine uygun bazı haklar tanımak ve çocuk kendisine konulan sınırı aştığında onu geçici olarak bu haklardan yoksun bırakmak yoluyla gerçekleştirilir. Haklardan yoksun bırakılma çocuk için ana-babanın sevgisini yitirme anlamına gelir. Çocuğun sınırlı dünyasının tek dayanağı ve anlamı, ana-babasının sevgisidir. Bu sevgiyi yitirmemek için gösterdiği çaba sayesinde giderek kendi kendisini yönetmeyi öğrenir. Ama çocuğa verilen bir şey yoksa, yitirecek şeyi de yoktur. Kimi çocuk, verilmeyen sevgiyi günün birinde alabileceği umudunu yine de sürdürür, tüm gücüyle kendisini ana-babasına kabul ettirebilmek için çabalar ve kişiliğini geliştiremez. Kiminin ise hiç umudu yoktur. Anababanın beklentilerine ve değerlerine karşıt düşen davranışlara başvurarak onları protesto eder ve hiç olmazsa bu yoldan onların ilgisini çekmeye çalışır.

Suçu ceza, cezayı da af izler. Çocuk için af, ana-babanın sevgisini yeniden kazanmaktır. Çocuğa verilen ceza sona erdiğinde ana-babanın çocuğu yine eskisi gibi sevdiklerini göstermeleri gerekir. Bunu yapamayan ya da çocuğa sürekli olarak eski hatalarını hatırlatan ana-babalar, kendi sevgisizliklerini haklı gösterecek gerekçeler arayan kişilerdir.

Çocuğun kendine olan güveni, ana-babasına olan güveninden kaynaklanır ve gelişir. Çocuk, anne ve babasını güçlü olup olmadıkları konusunda sürekli dener. Onları zayıf bulduğu alanlarda çileden çıkaracak davranışlarda bulunur. Örneğin, bazı anneler yemek ya da temizlik konusunda ısrarlı bir biçimde çocuğun üzerine giderler. Çocuk bu konuda annesini çaresiz bırakabileceğini fark ettiğinde onun daha çok paniğe uğramasına neden olacak davranışlara yönelir ve genellikle yenik düşen anne olur. Çoğu anne bu konuda çocuğuyla baş edememekten yakınırken, otorite ve çocuk rollerinin yer değiştirdiğini ve bunun da kendi yetersizliğinden kaynaklandığını göremez. Gerçekte çocuk da kazandığı bu zaferden ötürü mutlu değildir. Anne ya da babasının güçsüzlüğüne tanık olmak, çocuğun onlara, dolayısıyla kendine olan güven duygusunun sarsılmasına neden olur. Çocuğun neyi yapabileceği ya da yapamayacağı, her bir yaş dönemine göre değişir. Bu konuda ana-babanın sezgileri ve sağduyusu onlara yardımcı olur. Ne var ki, bazen bu sınırlar katı ve dar tutulur, çocuğun gelişimi kısıtlanır. Çocukluklarında engellenmiş kişiler, ana-baba olduklarında çocuklarının, vaktiyle kendilerine tanınmamış hak ve özgürlüklere sahip olmalarına karşı bilinçdışı bir kıskançlık duygusu geliştirebilirler. Çocuklarının özerklik istekleri, kendilerinin yaşam boyu bilinçdışında tutmaya çalıştıkları doyurulmamış isteklerini de kışkırtabilir. Bu isteklerin bilinç düzeyine ulaşma olasılığı ise kişide suçluluk duygusu yaratacağından, çoğu kez kendi ana-babalarından gördükleri yöntemlerle çocuklarını engelleyerek ya da suçlayarak, kendi uğradıkları paniği denetim altında tutmaya çalışırlar. Aslında tutuculuğun psikolojik yorumu da budur. Tutucu kişi, yapmak istediği ama yaparsa suçlanacağı davranışları başkalarında gördüğünde onları eleştirerek ya da engelleyerek kendi isteklerini ketlemeye çalışır.

Geleneksel ailede çocuk, büyüklerinin isteklerini ve düşüncelerini soru sormadan kabul etmek zorundadır. Böyle bir ortamda büyüyen çocuk, ilerki yaşamında kendi toplum grubundan kopup çağdaş dünyanın beklentileriyle baş etme durumunda kaldığında ciddi sorunlarla karşılaşabilir. Girişimde bulunmak istediğinde suçluluk duyguları yaşayabilir; seçim yapma güçlüğü, kararsızlık, kendini ortaya koymaktan utanma ve düşüncelerini dile getirmede güçlük çekme gibi çağdaş toplum gereklerine göre davranış kusuru sayılabilecek durumlar ortaya çıkar. Oysa aynı davranış özellikleri, geleneksel yapı içerisinde uyumsuzluğa neden olmaz; toplumun geleneksel niteliğini sürdürebildiği ve bireyin bir değişiklik ya da atılım yapmasını gerektirmeyen koşullarda bir sorun yaratmaz. Katı kuralların yarattığı gerilim, yine törelerle belirlenen yollardan boşaltılabileceği ve çevrede farklı örnekler olmadığı için kişi kendisini engellenmiş hissetmez.

Bazı aileler ise çocuğun ihtiyacı olan sınırları gereğinden fazla gevşek bırakırlar. Bu ana-babaların bir bölümü otorite olmayı öğrenememişlerdir. Bu durum, örneğin büyükanne ve büyükbaba tarafından büyütülmüş kişilerde olduğu gibi, gerçek otorite modelinden yoksun bir çocukluk geçirmiş olan ana-babalarda daha sık görülür. Çocuklarına gerekli sınırı koyamayan ana-babaların bir diğer bölümü ise katı bir baskı altında yetişmiş kişilerdir. Kendi yaşamadıklarını çocuklarına yaşatmak ve böylece dolaylı olarak kendilerine doyum sağlamaya çalışırlar. Ne var ki, sınırların katı ve dar olması kadar iyi çizilememesi de çocuğun gerekli rehberlikten yoksun kalmasına neden olur. Bu gibi çocuklarda baş kaldırıcı ve toplumdışı davranışlar daha sık gözlemlenir.

Çocuğa konulan sınırların sürdürülebilmesi için ana-babanın davranışlarında tutarlı olması gerekir. Çocuk konulan kuralların dışına çıktığında bu görmezden gelinirse, ya da kendisine tanınmış haklar çerçevesinde yaptığı bir davranıştan ötürü cezalandırılırsa şaşkınlık yaşar, ana-babasına güveni sarsılır ve uyumsuz davranışlar gösterebilir. Anne ve babanın, çocuğun davranışlarına karşı birbirlerinden farklı tepkiler göstermeleri de benzer sonuçlar doğurur. Çocuk, ana-babasını bir bütün olarak görme ihtiyacındadır. Bu nedenle, çocuğa ilişkin kararlardaki görüş ayrılıklarını onun önünde sergilememek gerekir.

Çocuğa tanınması gereken en önemli haklardan biri de oyundur. Bazı ana-babalar kaygılı insanlar oldukları ve dış dünyayı tehlikeli bir yer olarak algıladıkları için, aşırı bağımlılık eğilimleri olan bazıları ise çocuğun kendilerinden koparak ayrı bir dünya oluşturmasına dayanamadıkları için çocuğu oyundan engeller. Bazen de çocuk, daha çok kırsal kesimde gözlemlendiği gibi, ekonomik nedenlerle çok erken yaşta işe koşulur. Nedeni ne olursa olsun, çocuğun oyundan engellenmesi, onun yaşama katılmasını ve grup içinde ilişki kurmayı öğrenebilmesini engeller.

Oyun, çocuğu yetişkin yaşamın etkinliklerine hazırlar, toplumsallaşma süreci için gerekli ortamı sağlar. Oyunlar çocuğun yaşadığı kültürü yansıtırlar. Çoğunda gözlemlenen yarışma ve mücadele öğesi de içinde yaşadığımız Batı etkisindeki dünya kültürünün yansımalarıdır. Evcilik oyunu ise çocuğun ileride yuva kurmasına bir hazırlıktır. Bazı çocuklar yetişkinlerin cinsel davranışlarını taklit eden oyunlar da oynarlar. Aslında bu tür etkinlikler de evcilik oyunu gibi bir hazırlık niteliğindedir. Bir oyun olmaktan öte anlam taşımazlar. İki kişi ya da bazen grup halinde oynanan cinsel oyunlardan ötürü çocuğu kınamamak ya da cezalandırmamak gerekir. Bu oyun, yetişkinlerin cinsel etkinliklerinde olduğu gibi gizlilik içinde oynanır ve çocuk bundan ötürü zaten belirsiz bir suçluluk yaşar. Çocuğun cinsel oyunlarını fark eden ana-babanın onu suçüstü yakalamışçasına davranması yaşam boyu sürecek bir suçluluğun yaşanmasına neden olabilir.

Çocukluk dönemindeki oyunlar, yetişkin insanın günlük etkinliklerinden zevk alabilmesine, bunları benliğine mal ederek ve gönlünü vererek yapabilmesine zemin hazırlar; yaşam sevincinin geliştirilmesine katkıda bulunur. Bundan yoksun kalan kişi, yaşam etkinliklerini kendisine verilmiş bir görev gibi yerine getirir, davranışları yaratıcılıktan yoksundur. Grup içi ilişkilerinde de yarışma ve dostluğu birlikte sürdüremez.

İyi anne ya da baba, kendisini yaşayabilen kişidir. Yaşamın içinde olan ve kendisini yaşayabilen kişi, diğer insanların da yaşamına saygılıdır. Anne ya da baba olduğunda çocuğunu kendine özgü bir dünyası olan bir varlık olarak algılar ve haklarına saygı gösterir. Üstelik çocuğa gerekli olan modeli de sağlamış olur. Çünkü yaşamak iniş ve çıkışları içerir. Ana-babasının bu dalgalanmaları yüreklice göğüsleyebildiğini gözlemleyen çocuk da ilerki yaşamındaki inişleri dünyanın sonu gelmişçesine algılamaz. Noksan yönleriyle yüzleşebilen bir ana-baba modeli gördüğünden, kendisi de kendine karşı dürüst olmayı öğrenebilir. Geleneksel aile, bireyleşmeye olanak tanımayan bir yapıya sahiptir. Bireyin sistem içindeki rolü bellidir ve töreler varlıklarını koruyabildiği sürece bir sorun çıkmaz. Çünkü, bileşik kaplar yasası burada da işler ve belirli psikolojik mekanizmalar bir kuşaktan diğerine aktarılarak kendi içerisinde bir ödünleme mekanizması oluşturur. Örneğin geleneksel ailelerde çocuğun kendine özgü bir duygusal dünyası olabileceği pek kabul edilmez. Böyle bir ortamda yetişen çocuk da özerkliğini gereğince kazanamaz, girişim yeteneğini ancak törelerin hoşgördüğü oranda geliştirebilir. Yetişkin dönemine ulaştığında çağdaş beklentilere uygun bir otorite olamaz. Bu nedenle, ana-babasından görmüş olduğu, her şeyi bilir görünen, eleştiriye kapalı ve kısıtlayıcı otorite tutumlarını benimsemek zorunda kalır. Böylece, kuşaktan kuşağa aktarılan ilginç bir süreç yaşanmaya başlar. Çocukluk haklarını gereğince yaşayamamış olan kişi, o dönemde karşılanmamış isteklerini, yetişkinliğe ulaşıp ana-baba olduğunda çocuklarına yöneltmeye başlayabilir. Bu durumda ise ana-baba ve çocuk rolleri yer değiştirir. Çocuk, ana-babasının çocuksu isteklerine katlanmak, bazen de bu istekleri karşılamak durumunda kalır.

Otorite görünümü ardında anne ya da babanın çocuğa nazlandıkları, ilgiyi üzerlerine toplamaya çalıştıkları, onlara dert anlattıkları ve hatta bazı uç durumlarda, şaşkınlığa düşen çocuğu yetersizlikle suçladıkları sık görülen örneklerdendir. Bu koşullarda yetişen bir çocuk ileride anne ya da baba olduğunda benzer davranışları kendi çocuğuna yöneltir. Geleneksel yapı varlığını koruduğu sürece bu örüntü kendi içinde tutarlı bir biçimde kuşaktan kuşağa aktarılmıştır. Ancak, toplumsal değişimin başladığı gruplarda bu süreç durdurulmuş ve yalnızca ana-baba ve çocuk ilişkilerinde değil, çoğu toplumsal kurumlarda, otorite ile otoriteye bağımlı olanlar arasında her iki tarafın da birbirinden beklentilerinin aynı olmasının yarattığı bir çatışma olgusuna neden olmuştur.

Çocuğun benlik kavramı, kendisi için önem taşıyan büyüklerin ona gösterdiği tutumların bir yansıması olduğundan, ana-babanın itici tutumları çocuğun kendisini değersiz bulmasına neden olur. Böyle bir ortamda yetişen çocuk, kendisine ilişkin olumlu görüşler geliştiremez. Beklenilen davranışları gösterdiği halde yine de kabul edilmeyen çocuk, onaylanan ve onaylanmayan davranışlarının ayrımını yapmada güçlük çeker. Sonunda umudunu tümden yitirir ve ana-babasının onayını sağlama çabalarından vazgeçer. Ana-baba da çocuğun gelişimine rehber olabilmek için gerekli olan denetimi elden kaçırır.

Çocuğun reddedilmesi açık ya da üstü kapalı bir biçimde yaşanabilir. Açık iticiliğin başlıca belirtileri, çocuğa hırçın davranma, azar, dayak ya da gereksiz yere ceza verme, ilgisizlik, çocuğu terk etme ya da başka bir yere gönderme tehditleri ve çocuğu kötü sıfatlarla çağırma biçimlerinde görülür. Disiplin amacıyla çocuk gaddarca dövülebilir, saatlerce bir yere kapatılabilir ya da aç bırakılabilir. Bazı anneler, çocuklarıyla bedensel yakınlık da kurmaz, kucaklarına almaz ve okşamazlar. Çocukla bir başkasının ilgilenmesini sağlayarak ilk fırsatta kendi yaşantılarına dönerler. Toplumsal etkinliklere kendini fazla vermiş bazı annelerin çocuklarını randevu ile kabul ettikleri bile gözlemlenmiştir. Bu gibi koşullarda yetişen çocuklar normal çocukların canlılığından yoksundur, sevgisizlikten kaynaklanan duygusal bir açlık içindedirler.

Çocuğun üstü kapalı bir biçimde reddedilişi ise ondan kusursuz davranışlar bekleme biçiminde görülebilir. Bazı ana-babalar, okulda ve diğer etkinliklerde başarılı olmaları konusunda çocuklarına aşırı yüklenirler. Çoğu çocuk, ana-babalarının bu aşırı beklentilerini karşılama gücüne sahip değildir. Gösterdiği çabaya rağmen ana-babasının onayını kazanamayan ve onların istediği kusursuzluk düzeyine ulaşamayan çocuk giderek kendi gözünde de değersizleşir.

İçinde yaşadığımız kültürde bu beklentilerin olağan ve normal bir yönü de vardır. Ama bu beklentiler gerçekçi olmalı, çocuğun yeteneklerini aşmamalı ve duygusal dünyasında bir zorlanma yaratmamalıdır. Çoğu kez ortaya konan ölçütler ana-babanın kendi değer yargılarını ya da vaktiyle engellenmiş olan umutlarını yansıtır. Sonunda, ana-babanın gerçekdışı istekleri çocuğa karşı aşırı bağımlılık geliştirilmesiyle sonuçlanabilir ve çocuk, ana-babasının bazı duygusal ihtiyaçlarını üstlenmek zorunda kalır. Bu gibi tutumların temelinde, çocuğu ayrı bir varlık olarak kabul edememenin yarattığı bilinçdışı suçluluk duyguları bulunur. Çocuğa kusur bularak olumsuz duygularına gerekçe arayan anne ya da baba, çocuğu kusursuz bir varlık durumuna getirerek onu benimsemeyi umar ve bu yolda çaba gösterir.

Maskelenmiş red, bazen koruyucu davranışlar biçiminde ortaya çıkabilir. İticiliğin yarattığı bilinçdışı suçluluk duyguları, çocuğun hastalanacağı, öleceği ya da kötü alışkanlıklar edineceği korkularına dönüşebilir. Böyle ana-babalar, çocuklarıyla ne denli ilgilendiklerini kendilerine ve çevrelerine kanıtlamak istercesine bir çaba içindedirler. Öte yandan, aşırı koruma her zaman çocuğun istenmeyişinin bir belirtisi olmayabilir. Özellikle anne ve çocuk ilişkisinde ortaya çıkan bazı koruyucu davranışların gerisinde annenin duygusal yalnızlığı bulunur. Bu gibi anneler, evliliklerinde bulamadıkları doyumu çocuklarında ararlar. Bazı ana-babalar ise karşı cinsten olan çocuklarına bir sevgiliye gösterilen davranışları andıran tutumlar gösterebilirler.

Çocuk eğitimi konusundaki yayınların içeriğindeki bazı farklılıklar, birçok ana-babanın çocuklarına karşı nasıl bir tutum takınmaları gerektiği konusunda kararsızlığa kapılmalarına neden olmuştur. Bazı yayınlar, çocuğa hiç ceza verilmemesi ya da engellenmemesi biçiminde yanlış yorumlara yol açmıştır. Aşırı hoşgörü ve disiplin noksanlığı çocukta bencil ve topluma karşıt davranışlarla sonuçlanır. Katı bir disiplin ise ana-babaya karşı korku ve öfke yaşanması, girişim noksanlığı ve insanlara dostça yaklaşamama gibi zararlı sonuçlar doğurabilir. Aşırı kısıtlayıcı tutumlar da baş kaldırıcı davranışlarla sonuçlanır ve çocukta ana-babanın görüşleriyle uyuşmayan dış etkilere doğru bir yönelme görülebilir. Önemli olan, çocuğu kendine özgü dünyası olan bir varlık olarak kabul edebilmektir. İyi yaşama konusunda kendi sorumluluğunu gereğince üstlenememiş ana-babaların bunu gerçekleştirebilmesi oldukça güçtür. Kendisine değer vermeyen insan başkalarının duygusal ihtiyaçlarını da algılayamaz.

Ana-baba ve çocuk ilişkileri konusunda yazılanların bir başka sonucu da, bazı yetişkinlerin kendi sorunlarından ana-babalarını sorumlu tutarak onlara karşı düşmanca tutumlar geliştirmeleri biçiminde olmuştur. İnsan yetişkin yaşamında ana-babasının kusurlarının izlerini taşısa bile bundan ötürü onları suçlamak kendisini de suçlu hissetmesine neden olur. Bu, yetişkin bir varlık olarak insanın kendi varoluş sorumluluğunu üstlenememiş olmasının suçluluğudur. Ana-babalarımızdan alacaklı olduğumuz bir gerçek de olsa, geçmiş yeniden yaşanamaz. Bazı insanların daha elverişli koşullarda yetişmiş olmasının yarattığı eşitsizliğe isyan etmek de bizi kendi sorumluluklarımızı görmekten alıkoyabilir. Üstelik ana-babalarına öfkelerini sürdüren insanlar onlara karşı duydukları korkuyu da sürdürürler. Anababadan korkmak ise olgunlaşmamış olmanın bir göstergesidir. Unutmamak gerekir ki, onların da ana-babaları vardı ve kuşaktan kuşağa aktarılan sorunlardan kimin sorumlu tutulabileceği sorusunun da yanıtı yoktur. Dolayısıyla, ana-babaların kusurlarını kendi sorumluluğumuzdan kaçınmak için gerekçe olarak kullanmak, vaktiyle bize karşı işlenen kusurları bizden sonraki kuşaklara da yansıtmamıza neden olabilir. Ana-babalar bizleri ayrı birer varlık olarak görememiş olabilir, ama biz de onları kendimizinkinden ayrı dünyaları olan varlıklar olarak göremediğimiz sürece gerçek anlamda yetişkinliğe ulaşmış sayılamayız.

Aynı doğrultuda, bazı genç ana-babalar da neyi değiştirmeleri gerektiği konusunda bilgi edinmiş oldukları halde, bunu gereğince değiştirememiş olmanın suçluluğuna kapılarak, çocuklarıyla olan ilişkilerinin daha da olumsuz bir yöne sürüklenmesine neden olabiliyorlar. Yukarıda verilen bilgileri izlerken bazen ana-babamızın kusurlu tutumlarıyla, bazen de anne ya da baba olarak kendi yanlışlarımızla karşılaşmış olabiliriz. Ama bundan ötürü kendimizi suçlamak ya da yargılamak hiçbir yarar sağlamayacağı gibi, bazı yanlış tutumlarımızı değiştirme sorumluluğunu üstlenmemizi de engelleyebilir.

Bir insanın çocukluk dönemindeki olumsuz yaşantılarının yetişkin dönemine yansımaları arasında, insanlarla birlikteyken yaşanan genel bir korku, önyargılardan kaynaklanan sürekli bir kızgınlığın birikimi sonucu oluşan düşmanca eğilimler, bu eğilimlere eşlik eden suçluluk ve değersizlik duyguları ve günlük yaşamın olağan sorunlarına ilişkin yaşanan sonu gelmez kaygılar sayılabilir. Aslında tüm bu duygular neden-sonuç yönünden iç içe geçmiş olgulardır. Bundan sonraki bölümlerde ayrı başlıklar altında incelenmiş olmaları, okuyucunun daha kolay izlemesini sağlamaktan öte bir amaç taşımamaktadır. Bu duyguların geçmişe dönük nedenlerinin, yalnızca insanın kendi varoluş sorumluluğunu üstlenmesini engelleyen etmenlere ışık tutması açısından konu edildiğini bir kez daha vurgulamakta yarar görüyoruz. Çünkü bir duyguyu "nasıl" yaşamakta olduğumuzu fark edebilmek, onun geçmişe dönük "nedenleri"ni açıklayabilmiş olmaktan çok daha büyük önem taşır.

İnsanlardan Korkmak

BAZI insanlar vardır, diğer insanlarla birlikteyken sürekli tedirgindirler. Bu duygu öylesine benliklerinin bir parçası durumuna gelmiştir ki, onu "korku" olarak tanımlayamazlar. Çoğu kez bu tedirginliklerini maskelemeyi başarabildikleri için diğer insanlar onların ne yaşamakta olduğunu fark etmeyebilir. Çünkü insanlar sözlü olmayan davranışlara genellikle pek dikkat etmezler. Arada bir kendilerine yöneltilen bir beğeni ya da onaylayıcı birkaç söz onları geçici olarak rahatlatırsa da, kısa bir süre sonra tedirginliği yeniden yaşamaya başlarlar. Savunmasız kalmaktan korktukları için, bazen ölüm-kalım savaşı veriyormuşçasına yaşanabilen bu duygudan genellikle en yakınlarına bile söz etmezler. Bu savunma bazen o denli katıdır ki, tedirginliklerini kendilerinden bile saklarlar.

Kendilerine daha az yabancıysalar bunun, reddedilme, küçük görülme ya da hata yaparak diğer insanların onayını yitirme kaygılarıyla ilişkili olduğunu seçebilirler. Birinin kendilerini incelemekte olduğunu fark ettiklerinde tedirginlikleri daha da artar. Adeta kendilerinden utanırlar. Bu nedenle, çok istedikleri halde ilgi merkezi olmaktan kaçınırlar. Bakışlar onları, bilemedikleri bir suçları fark edilecekmişçesine ürkütür. Söyledikleri bir söz ya da yaptıkları bir davranışın ardından kendilerini suçlu hisseder, karşı tarafı kırmış olabileceklerini ya da yaptıkları bir hata yüzünden onaylanmadıklarını düşünürler. Kendilerine değer verildiğinde bundan hoşlanır, ama için için buna layık olmadıklarını düşünürler. Başarılı işler yaptıkları zaman bile değersizlik duyguları varlığını sürdürür. Buna karşılık garip bir çelişki de yaşanır; kendilerine gerçekten değer verilmediğini hissettiklerinde aslında değerli olduklarını, ama bunun diğer insanlar tarafından fark edilemediğini düşünürler.

Bu duyguları yaşayan insanların çocukluk dönemleri incelendiğinde, kısıtlayıcı, aşırı koruyucu, reddedici, cezalandırıcı, tutarsız, vb. ana-baba tutumlarının varlığı fark edilir. Açık ya da üstü kapalı olsun, bu tutumların ortak yönü, saygı ve sevgiden yoksun olmalarıdır. Çocuk, ana-babanın kendisine hakça davranmadığını ya da onu kendilerinin bir uzantısı gibi algıladıklarını fark ettikçe kendini yalnız ve çaresiz hisseder. Aynı zamanda bireyleşmesinin engellenmekte olmasından ötürü için için kızgınlık da duymaya başlar. Ancak kızgınlığını açıkça yaşayamaz. Çünkü çaresizdir, ana-babasının onay ve desteğini yitirme korkusu kızgınlıklarını bastırmasına neden olur. Ne var ki, kızgınlığı bastırmak bu duyguyu ortadan kaldırmaz. Eğer ana-babanın tutumlarındaki aksaklıklar sürekli ise bastırılan kızgınlıklar birikir ve bu kez ana-babaya yönelik düşmanca duygulara dönüşür. Bu duygular öyle ürkütücüdür ki, çoğu bilinçaltına mal edilir ve çocuk artık bu duyguların varlığından haberdar bile olmaksızın ana-babasına karşı olumlu duygularını sürdürebilir; çünkü sürdürmek zorundadır. Ancak bu kez, nedenini bilemediği bir tedirginlik varlığına egemen olur. Bu, ana-babası kendisine iyi davrandığı zamanlarda da yaşanan bir duygudur. Düşmanca duyguların fark edileceği ve sevginin yitirileceği tehlikesinden kaynaklanır. Gerçi bu olumsuz duygular bilinçaltında tutulur, ama çocuk çevresine karşı tutumlarında üstü kapalı bir ikiyüzlülüğün varlığını yine de hissedebilir. Bazen de hiç farkında olmayabilir.

Her iki durumda da çocuk, nedenini bilemediği suçluluk ve değersizlik duyguları yaşamaya başlar, kendisini sevgiye layık görmez. Böylece, içinde sakladığı ve kendisinin de bilincinde olmadığı düşmanca dürtülerden kaynaklanan korku, suçluluk ve değersizlik duyguları, ilerki yaşamında çevresindeki tüm insanlara yönelik olarak yaşanmak üzere yerleşir.

Böyle bir sürecin yerleşmesi, insanın kendi gerçek benliğine yabancılaşmasıyla sonuçlanır ve asıl sorunlar bundan sonra başlar. Çünkü bu kez, korku, suçluluk ve değersizlik duygularından kurtulma çabaları ortaya çıkar ve bu çabalar kendine yabancılaşma durumunu daha da pekiştirir. Örneğin, insanlar vardır, dost ve sevecen davranışlar gösterirler, ama gözlerine dikkatle baktığınızda korku ve kızgınlık karışımı bir anlatımı kolayca seçebilirsiniz. Bu insanlar bilinçli dünyalarında gerçekten de insanları sevdiklerine inanırlar. Ama bir yandan insanlardan korkarken, aynı zamanda onları nasıl sevebiliriz? Aslında bu, vaktiyle yeterince sevilemeyen ana-babalara karşı geliştirilen tutumların bir uzantısıdır. Sevecen tutumlar karşılığında sevgi alabilme umudunu ve sevildikten sonra sevebilme beklentisini içerir. Oysa böylesi bir umut ve beklenti yetişkin insan ilişkilerinin gerçeklerine uymaz.

İnsanlardan korkmak, kızgınlık ve bu kızgınlığın yarattığı düşmanca duyguların dıştan fark edilmesi tehlikesinin doğal bir sonucudur. Ne var ki, tehlike kişinin kendi içinden değil de dıştan gelecekmişçesine algılanır. Dolayısıyla, diğer insanlardan olumsuz davranışlar geleceğini düşünen kişi, aslında kendi olumsuz duygularından korktuğunu göremez. Bir insanın düşmanlık duygularını bastırması kendi seçimi ile olmaz. Bu, refleks türünde bir süreçtir. İnsanın düşmanlık duyduğu kişilerin sevgisine ve desteğine gerek duyduğu ya da böylesi duyguları kendisine yakıştıramaması gibi durumlarda daha da yoğunlaşır. Düşmanca duygularını bastırmak, insana en çabuk yoldan bir güvenlik sağlarsa da, kişinin savaşması gerektiği yerlerde bundan kaçınarak sanki her şey yolunda gidiyormuşçasına davranmasına neden olabilir. Böyle bir durum insanın kendisini daha da savunmasız hissetmesine yol açar.

Bir insandan ya da bazı insanlardan korkmak gerçekçi nedenlere bağlı olabilir. Ancak burada sözü edilen korku, yaygın bir duygudur ve bir insan için hiç önem taşımayan ya da hiç tanımadığı insanları da kapsamına alır. Suçluluk ve değersizlik duyguları ise yalnızken de yaşanır ve bu duygulara "kimse beni istemiyor!" düşüncesi eşlik eder. Bu düşünceyi doğrulayacak kanıtlar aranır ve bulunur da. Kanıtlar bazen insanın kendisinde aranır ve kişi kendi davranışlarını sürekli gözlemleyerek, ya yaptığı önemsiz hataları abartır ya da hatalı olarak nitelendirilemeyecek davranışlarını da olumsuz bir biçimde değerlendirir. Bu gibi durumlarda düşmanca duygular insanın kendine yönelmiştir ve kişi kendisini sürekli suçlar. Kimi insanda ise bu duygular dışa yansıtılır ve kişi diğer insanların olağan davranışlarını yanlış yorumlayarak, onların kendisini eleştirmekte ya da suçlamakta olduğuna ilişkin gerçekte var olmayan kanıtlar yaratır. Bir insanın kendisinde var olan düşmanca eğilimleri başkalarına mal etmesi biçiminde yaşanan bu duyguya alınganlık denir.

Bir insanın olumsuz duygularını sürekli olarak bilincinden uzak tutma çabaları, olumsuz duyguların yanı sıra, yapıcı ve yaratıcı eğilimlerinin de kapalı tutulmasına neden olur. Diğer insanlarla birlikteyken tedirgin olan kişi, tüm enerjisini gereksiz yere savunma amacıyla kullandığından kendisinde var olan potansiyeli de harekete geçiremez ve kapasitesinin altında bir etkinlik gösterir. Böyle bir durum insanın kendi varoluş sorumluluğunu da üstlenebilmesini engeller. Bir başka deyişle, çocukken ana-babaya karşı geliştirilen olumsuz duyguların üstünün kapatılmasıyla başlayan süreç, insanın giderek kendisine yabancılaşmasına ve sonunda kendisi olamanın suçluluğunu yaşamasına neden olur. Varoluş suçluluğu denilen bu duygu anlamlı bir yaşamı gerçekleştirememiş olmaktan kaynaklanır.

Aslında herkesin çocukluk döneminde bir şeyler aksar. Ama insan, duyguların dürüstçe yaşanabildiği bir çevrede yetişmişse olumlu duygular gibi olumsuz duygularını da açıkça yaşamayı öğrenebilir, dolayısıyla kendine fazla yabancılaşmaz. Eğer insanlar olumsuz duyguların evrensel olduğunu, reddedilme kaygılarının herkes tarafından yaşanmakta olduğunu ve bunun yalnızca yoğunluk derecesinin önemli olduğunu bilebilselerdi, bu tür duyguların üzerini fazlaca kapatmaz ve gereksiz bir suçluluğu da yaşamazlardı. Ne var ki, çoğu insan böyle duyguları yalnız kendisinin yaşadığı sanısındadır. Öyle ki, bazen birbirini yeni tanıyan iki insan reddedilme kaygıları sonucu birbirlerine yaklaşamazlar; her biri diğerinin kendisini kabul etmeyeceğini düşünür ve aslında gelişebilecek bir ilişki bu nedenle başlatılamaz. O reddetmeden ben reddedeyim kaygısı sonucu yalnız kalan insanların sayısı o kadar çoktur ki!

İnsanları sevebilmek, onlarla baş edebilecek yöntemleri geliştirebilmeyi gerektirir. Bununla kastedilen, karşımızda düşmanlar varmışçasına geliştirilecek savunma yöntemleri değil, kendimizi dürüst ve açık bir biçimde yaşayabilme yürekliliğini gösterebilmektir. Sinsice yaşanan duygular, insanların bize, bizim de onlara ulaşabilmemizi engeller. Çünkü onlar gerçek bizi değil, gösterdiğimiz yanlarımızı kabul ederler. Sonunda, kabul edilen gerçek benliğimiz olmadığından, kendimizi de kabul edilmiş hissedemeyiz.

Öfke ve Düşmanlık

HAKKIMIZ OLANI alamadığımız ya da önem verdiğimiz bir insan beklentilerimiz doğrultusunda davranmadığında yaşanan duygu kızgınlıktır. Böyle bir duygunun salt o olaya ilişkin olarak yaşanması insan doğasının gereğidir. Ancak, bu gibi olaylar "yaşam boyu insanlar zaten hep beni engelledi!" ya da "insanlar zaten bencildir!" biçiminde yaşanıyorsa, o zaman durum farklıdır ve bu tür genellemelerin gerisinde kişinin geçmişinden getiregeldiği kızgınlıkların birikimi bulunur. İnsanlar vardır, araba sürerken kırmızı trafik ışığıyla karşılaştıklarında, ya da fazla kalabalık bir caddede yürürken de kızarlar. Bu gibi duygular zaten öfkeli olan bir insanın öfkesine gerekçe araması sonucu yaşanır.

Çocukluk yaşantılarında özerk bir varlık olmaktan engellenen kişiler bu durumun yarattığı düşmanca eğilimleri çeşitli tepki biçimleriyle yaşarlar. Kimi insan, daha önce ayrıntılarıyla açıklandığı gibi, sevgiyi yitirme kaygısıyla kızgınlıklarını sürekli bilinçaltına itme alışkanlığı geliştirir, ama bundan ötürü insanlarla birlikteyken nedenini bilemediği bir tedirginlik yaşar. Düşmanca duyguların bilinçaltında yoğunlaştığı bazı durumlarda ise kişi, bu duyguları denetim altında bulundurabilmek için tam karşıtı tutumlar geliştirerek insanlara karşı aşırı sevecen davranışlar geliştirir. Aslında bu mekanizma bilinçdışında geliştirildiğinden, kendisi de insanları gerçekten sevdiğine inanır. Gerçek benliğine o denli yabancılaşmıştır. Eğer bir insan, abartılmış bazı davranışlar gösteriyorsa gerçekte o davranışların tam karşıtı duygular yaşamakta olduğunu da düşünmek gerekir. Bir insan diğer insanları ne denli çok sevdiğinden sürekli söz ediyorsa, bunu neden ilan etme gereğini duyduğu sorusu da akla gelir. Çünkü insanları gerçekten seven biri, bunu sürekli dile getirme gereğini duymaz, sevgisini yaşantıya çevirir.

Engelleyici bir durum karşısında yaşanan kızgınlığı kimi insan o anda, kimi o durum sona erdikten sonra fark edebilir; kiminde ise bu duygu öylesine bastırılır ki, yaşam boyu kişinin bilincine ulaşmayabilir. Kızgınlık yaşadığımız kişi, yitirmekten korktuğumuz ya da bizi sevmesini istediğimiz biriyse bu duygunun bastırılma olasılığı daha fazladır. Bazen böyle durumlarda bastırılan kızgınlık, bileşik kaplar yasası uyarınca, nasıl olsa yitirmeyeceğimizi düşündüğümüz kişilere yöneltilir: Örneğin, dış ilişkilerinde kızgınlığını bastıran kişi, tepkilerini aile üyelerine yöneltebilir. Bu nedenle dostluk ilişkilerinde sevecen ve yumuşak başlı olmasına karşın evinde hiddetli ve hırçın olan kişilere oldukça sık rastlanır.

İnsan kızgın olduğu için diğer insanlardan korkar, insanlardan korktuğu için de onlara kızar. Kızgın insan, "Nasıl olsa beni engelleyecekler ya da reddedecekler!" beklentisi içinde öyle davranışlarda bulunur ki, çoğu kez gerçekten de engellenir. Bu kez, "İstenmediğimi zaten biliyordum!" biçiminde yaşanan bu duygu, kızgınlıkları daha da pekiştirir ve böylece bir kısırdöngü oluşur. Düşmanca duygular taşıyan bir insan, bilinçli düzeyde insanlar tarafından kabul edilmeyi isterken, bilinçaltında bunun gerçekleşmemesini ister. İlk bakışta bu çelişki yadırganabilir. Ama düşmanca duygular taşıyan bir insan gerçekten kabul edildiğini fark ettiğinde, "İstenmediğimi zaten biliyordum!" senaryosu da geçerliğini yitireceğinden, düşmanca duygularıyla yüzleşmek zorunda kalır ve bu kez suçluluk duyguları yaşar. Bunu yaşamamak için de kabul edildiği durumları bozmaya ve kendi senaryosunu gerçekleştirmeye çalışır. Bu mekanizma bilinçdışında işlediğinden, ortaya çıkan durumları aslında kendisinin yarattığını fark edemez.

Kendisiyle uyum halinde olan bir insan, başkalarına dostça yaklaşır, ama gereğinde onlara karşı çıkar ve haklarını savunmak için savaşır, bazen ise yalnız kalmayı yeğler. Bu durumlardan hangisini yaşayacağının seçimini o andaki içsel yaşantılarına ya da içinde bulunduğu çevresel koşullara göre yapar. Buna karşılık, insanlar vardır, sürekli başkalarının sevgisini ve onayını kazanmaya çalışır ve bunu yaparken de kişiliklerinden ödün verirler. İnsanlar vardır, diğer insanları sürekli karşılarına alır ve dünyaya karşı sonu gelmeyen bir öfke yaşarlar. Ya da insanlar vardır, başkalarıyla aralarına görünmez bir engel koyar, onlarla yakın duygusal ilişkiler kuramazlar. Süreklilik gösteren bu üç tür tutumun her birinin gerisinde korku ve kızgınlık duyguları bulunur.

İnsanlar birbirlerine bir şeyler vermekten ve almaktan zevk duyarlar. Ancak bir insanın diğerine kendi gücünün çok ötesinde bir şeyler vermesi karşısındaki insanda olumsuz duygular yaratabilir, ya da birinden karşılığını veremeyeceği bazı şeyler alması onu tedirgin edebilir. Bu duygular, alınan şeyin kimden geldiğine, verilen şeyin kime verildiğine, verilen ya da alınan şeyin ne ya da nasıl bir davranış olduğuna göre değişebilir. Ancak, bazı insanlar sürekli bir şeyler vererek kendilerini kabul ettirme, ya da tam karşıtı, diğer insanlarla ilişkilerinde asalak bir yaşantı sürdürme eğilimindedirler. Temelde, bu tutumlar arasında bir fark da yoktur. Çünkü sürekli ve ayrım yapmaksızın vermenin gerisinde de kişi, diğer insanları kendisine bağımlı kılarak kendi bağımlılığına doyum sağlar.

Bağımlılık eğilimi her insanda vardır ve bu, onun toplumsallaşmış olmasının doğal bir sonucudur. Bir insanın kendi kendine yeterliği ve başkalarına bağımlılığı arasında belirli bir denge olması gerekir. Eğer bu denge bağımlılık yönüne doğru fazlaca kayarsa ortaya bazı sorunlar çıkar. Bir insan diğer bir insana aşırı oranda bağımlıysa bu onun kendi varoluş sorumluluğunu üstlenmekten kaçındığını gösterir. Böyle biri diğer insana muhtaç olduğu oranda ona yönelik düşmanca duygular da taşır. Çünkü varoluşunun sorumluluğunu ve kaderini bir başka insana teslim etmiştir. Bu, kendi sorumluluklarını üstlenmiş iki insanın birbirine bağlılığından farklı bir durumdur.

Aşırı bağımlı kişi, kendisine yakın insanlara karşı taşıdığı düşmanca duyguların çoğu kez bilincinde değildir. Üstelik bu kişileri sevdiğine de inanır, ama aslında sevmeden sevilmek istemektedir. Bu nedenle, onlara kendisini sevdirmek için çaba gösterir ya da kendi kişiliğini ortadan silerek sürekli onların beklentisi doğrultusunda davranır. Kendisini ve çevresindekileri "iyi" bir insan olduğuna inandırmaya çalışır; kendi isteklerini ortaya koyamadığı gibi, kendi çıkarlarına uygun düşmeyen durumlara da karşı çıkamaz; sürekli çevresindeki insanların görüşlerini paylaşır ya da kendinden söz etmeksizin onları dinler; kimseye yük olmamaya çalıştığı halde kendisinden beklensin ya da beklenmesin, insanların yardımına koşar. Çevresi ondan genellikle "iyi insan" diye söz ederse de, bu özelliği dışındaki kişiliğini tanımlayabilmekte güçlük çeker. Çoğu geçmişin uslu çocukları olan bu kişiler, çevrelerine sevgi karşılığı "rüşvet" dağıtırken, kendi kişiliklerinden vazgeçmiş olmanın yarattığı düşmanlık duygularını da sürekli baskı altında tutmak zorunda kalır ve kendilerine yabancılaşırlar. Çünkü iyi insan, çevresine olduğu kadar kendisine karşı da iyi olan kişidir.

Böyle bir insan için düşmanca duygularının denetimden çıkarak bilinç düzeyine dolayısıyla davranışlara yansıması her şeyin sonu demek olduğundan, biriken olumsuz duygulara çeşitli bilinçdışı mekanizmalarla boşalım sağlanır. Bu mekanizmalardan biri de kızgınlık duygularının insanın kendi üzerine çevrilmesidir ki, bunun sonucu yaşanan duruma depresyon denir. Depresyonu ortalama insanın üzüntü ve elem duygularından ayıran en önemli özellik, keder duygusuna karamsarlığın da eşlik etmesidir. Depresyona eğilimli kişi, olumsuzluklardan hiçbir zaman kurtulamayacağı inancını sürekli taşır. Aslında bu inancın gerisinde yoğun suçluluk duyguları bulunur. Baskıcı vicdanının beklentilerini karşılamak ve suçluluk duygularını ödünlemek amacıyla kusursuz olmak ve herkes tarafından sevilmek çabasında olan böyle bir insan, küçük bir yanlış yaptığında ya da diğer insanların olağan eleştirileriyle karşılaştığında derhal çöküntüye girer, değersiz ve yeteneksiz biri olduğu duygusuna kapılır.

Kıyasıya dövüşmekte olan iki kişi, çevredekilerin araya girmesiyle birbirinden ayrıldığında, bazen bu kişilerden birinin engellenen kızgınlığını kendi üzerine yönelterek başını ya da göğsünü yumrukladığı görülür. Kızgınlığın dıştaki insanlara yöneltilemediği bazı durumlarda, dıştaki insanlar kişinin kendi benliğine mal edilir ve duygular dışavurulacağı yerde, insanın kendi üzerine çevrilebilir. Dıştaki insanların kişinin benliğine alınması olgusu, onun aşırı bağımlılığının doğal bir sonucudur. Engellenmenin yarattığı kızgınlık engelleyen kişiye yöneltilemediğinde küskünlük duygusuna dönüşür. Bazı intihar olgularında da benzer bir mekanizma işler. Sevgisini esirgeyen, engelleyen ya da terk eden kişiye kızgınlık öylesine yoğundur ki, bu onu yok etme isteğine dönüşür. Genellikle bilinçdışında yaşanan bu isteği gerçekleştirmek için dolaylı bir yol seçilir; kişi öfke duyduğu insanı önce benliğine mal eder, sonra içindeki insanı yok etmek amacıyla kendi canına kıyar. Bazı durumlarda öfke duyulan, belirli bir kişi değil, kişinin çevresi ya da tüm insanlıktır. Dünyada umduğunu bulamadığı sonucuna ulaşan kişi, kendini ortadan kaldırmakla dünyayı cezalandırdığına inanır. Ancak belirtmek gerekir ki, burada açıklanan mekanizma intihar olgusunun oldukça karmaşık yapısının yalnızca bir boyutunu oluşturur.

Engellenmenin yarattığı kızgınlık duyguları engelleyen kişiye yöneltilemediğinde yaşanan üzüntü ve küskünlük günlük yaşamımızın bir parçasıdır. Bazen bu duygulara geçici bir karamsarlık da eklenebilir. Ama bu uzun sürmez; ya engeli aşmak için yeni yollar düşünürüz ya da amacı değiştirir, başka seçeneklere yöneliriz. Sevilen bir insanın ölümü karşısında yaşanan yas da gerçekte, ölen kişiye duyulan kızgınlığın içe yöneltilmesidir. Ölen kişinin bizi terk etmiş ve sevgisinden yoksun bırakmış olmasından ötürü yaşanan kızgınlığın bilince ulaşması, her şeyden önce bir ölüye kızılamayacağı için engellendiğinden bu duyguyu kendimize yöneltiriz. Ölenin arkasından söylenen, "Beni bırakıp da nerelere gittin!" sözünde olduğu gibi, bazen duyulan kızgınlık doğrudan dile getirilebilir. Sevilen kişinin yitirilmesi sonucu yaşanan yas, psikolojik onarım mekanizmaları sayesinde yaklaşık iki aylık bir süreden sonra giderek yoğunluğunu yitirir. Ancak, eğer sevilen kişi aşırı bağımlı olduğumuz, dolayısıyla bilinçdışı düşmanlık duyguları da taşıdığımız biriyse, bu kez suçluluk duyguları ortaya çıkar ve kendimizi cezalandırma sürecine dönüşür. Böyle bir durum yas süresinin uzamasına, bazı durumlarda yıllarca sürmesine neden olabilir.

Aşırı bağımlı bir insanın çevresine karşı geliştirdiği bilinçaltı olumsuz duygular bazen dolaylı yollardan çevresine yöneltilerek boşalım sağlanır. Diğer insanlara sürekli yakınlık gösteren kişi, onların iç dünyalarını tanıma olanağı bulduğundan onları için için küçümseyebilir; çevresine sürekli rüşvet veren biri bu tutumu ile onları kendine bağımlı bir duruma getirerek, üzerlerinde egemenlik kurabilir ya da sevgisini kazanmak istediği insanlarla birlikteyken güler yüz gösterip arkalarından kötü konuşabilir. Yıkıcı dedikodu, yeterince veri olmaksızın yapılan düşmanca yorumları gerçekmişçesine anlatma biçiminde görülebilir. Ama bu, bazen öylesine ustalıkla maskelenmiştir ki, konu edilen kişiye yakınlık duyuluyor ya da onun için kaygılanıyormuş, hatta bazen onu methediyormuş görüntüsünde yapılan konuşmalarda, üstü çok kapalı bir biçimde gerçekleştirilir. Toplumumuzda sık görülen olgulardan biri de, grup halinde beraberliklerde yaşanan olumsuz duyguları sonradan ikili olarak bir araya gelerek konuşma eğilimidir. Çoğu kez kişi, ne grup içindeyken yaşadığı duyguların, ne de durum değerlendirmesi biçiminde arkadan yaptığı konuşmaların düşmanca bir içerik taşıdığının bilincindedir. Oysa, bir beraberlikte kendisini gözlemlemeden ve olduğu gibi yaşayabilecek yürekliliğe sahip olan bir kimsenin sonradan konuşacağı bir şey olmaz, yaşanan yaşanır ve biter. Olumsuz duyguların egemen olduğu bir geçmiş, geleceğe doğru taşınmadığından yeni bir yaşantıya kolayca geçilir.

Bazı kişiler ise diğer insanların sorunlarıyla özellikle ilgilenirler; kimin derdi olsa, nerede bir acı yaşansa orada belirirler. Normal insanın yardımseverliğinden farklı olan bu tür tutumlarda üstü kapalı bir sadistlik öğesi bulunur ve kişi diğer insanları zor durumda ya da acı çekerken görmekten ötürü dolaylı bir doyum sağlar. Bazen bu mekanizma bir başka biçimde işler ve kişi bilincinde olmaksızın diğer insanları zor durumda bırakacak bir ortam sağlar ve onların bocalamasını gözlemekten sinsice bir haz duyar. Özellikle İkinci Dünya Savaşı'ndan bu yana, açık saldırganlığı konu alan filmlerin yanı sıra, deprem, yangın, kaza, vb. içerikli filmlerin çok sayıda izleyici bulabilmesi ve bu tür filmlerin sayısının giderek artması da oldukça anlamlıdır.

Düşmanca eğilimlere dolaylı yolla doyum sağlama örneklerine çalışma yaşamında da rastlanır. Toplum içerisinde güç sahibi olma isteği, içinde yaşadığımız kültürün doğal bir parçasıdır. Ne var ki, bazı kişilerin güç kazanma çabaları diğer insanları güçsüz bırakma öğesini de taşır. Böyle kişiler güç kazandıkça, çevrelerindeki insanların kendilerinden daha güçsüz olduklarını görmekten ötürü gizli bir haz duyarlar. Bazı insanlarda bu mekanizma saygınlık kazanma biçiminde işler ve kişi kazandığı saygınlığı başkalarını küçük görme duygusuyla birlikte yaşar. Oysa, eğer bir insan diğerlerini küçümsüyorsa, aslında küçümsenmekten korkan ve kendisini küçük gören biridir. Başkalarını güçsüz bırakmak için güç kazanma çabasında olan biri ise aslında başkalarına güçsüz görünmekten ya da güçsüz yönleriyle yüzleşmekten korktuğu için böyle bir mekanizma geliştirmiştir. Amaç güç ya da saygınlık kazanmak değil, düşmanca duygulara boşalım sağlamaktır. Dolayısıyla, kazandıklarının onlara sağladığı doyumu yaşayacakları yerde sürekli tedirgindirler; suçluluk ve değersizlik duygularından kurtulamaz, yakın ve sıcak ilişkiler kuramadıkları için giderek yalnız kalırlar. Yalnızlıkları düşmanca amaçlarını daha da kamçılayacağından giderek hızlanan bir kısırdöngünün tutsağı olur, istediklerini elde ettikleri halde neden mutsuz olduklarını anlayamazlar.

Bazı insanlar ise tam karşıtı bir mekanizma sonucu, güçsüzlükleriyle çevrelerinde egemenlik kurarlar. Özellikle toplumumuzda "zavallı" ve "mağdur" kişilere karşı geliştirilen tutum bu durumu pekiştirir. Diğer insanların duygularını sömürerek onlara dilediklerini yaptırabilen ve "edilgin saldırgan" olarak nitelendirebileceğimiz bu kişiler geliştirdikleri senaryolarında öylesine ustadırlar ki, çoğu kez bizden neler alıp götürdüklerini fark edemeyiz bile. Böyle bir insandan bazen, "Ne iyidir zavallı!" diye söz ederken, "iyi" ve "zavallı" kavramlarına eşanlam vererek nasıl bir oyuna geldiğimizi göremeyiz. Çünkü bileşik kaplar yasası burada da işler ve kişi bir yandan kendini ezdirirken, öte yandan bu ezikliğini saldırganca amaçlarla kullanır. Bu tür acıma duygusunun gerisindeki nedenler, gerçekten güç durumda olan bir insana yardım etme isteğinden farklı ve daha karmaşıktır. Bir başka deyişle, acıma duygusunun içeriği bir insandan diğerine farklılık gösterebilir. Çünkü bir insana acımak, bazen o kişide kendi acınacak yönlerimizi görmekten ya da görmezden geldiğimiz sadistçe eğilimlerimizin gerçekleştiğini gözlemlemekten dolayı yaşadığımız suçluluk duygularından da kaynaklanabilir. Bu anlamda ele alındığında, bir insana acıdığımız için bir şeyler vermek, vermek değildir. Üstelik, böylesi bir acıma duygusuyla kendisine bir şeyler verdiğimiz bir insanı umulmadık bir anda bize karşı düşmanca bir tutum içerisinde de bulabiliriz. Çünkü acındıran ve acıyan aslında aynı paranın farklı yüzleri gibidir.

Yukarıda sözü edilen eğilimlere davranışlar yoluyla yeterince boşalım sağlanamadığında kişinin hayallerinde doyum aranır. Bu tür hayaller iki biçimde görülür: zafer kazanmış kahraman ve mağdur kahraman. Birincisinde kişi kendisini, herkesin hayranlığını kazandıracak işler görmüş, ünlü, yetenekli, güçlü ve saygıdeğer bir kişi olarak düşler. Düşmanca duygular da bu kişilik aracılığıyla boşalım bulur; zafer kazanmış kahraman, yoluna çıkan herkesi ezer ve cezalandırır. Mağdur kahraman ise karşılaşmış olduğu engellemeler ve haksızlıklardan ötürü yenik düştüğü inancı içinde yetersizliğini görmekten kaçınır; güçlüklere karşın yaptığı savaşta gösterdiği yüreklilik ve çektiği acı yüzünden diğer insanların kendisine ne denli yakınlık ve hayranlık duyduğunu düşler. Birinci tür hayaller sadist bir öğeyi, ikinci tür hayaller ise mazoşist bir öğeyi içerirler. Her iki tür hayal de kişi için güvenlik supabı görevini üstlendikleri gibi, ödünleyici bir doyum da sağlarlar.

Bir diğer grup insan ise kızgınlığının ve düşmanca eğilimlerinin bilincindedir. Üstelik bazı insanlar kızgınlıklarını severler bile. Bu duygunun sürekliliğini sağlamak için ipuçları arar ya da ortam hazırlarlar. Kızgınlığı sevmek ilk bakışta anlamsız bir tanım gibi görülebilir. Ancak, gerçekten de bazı insanlar yalnızlıklarını ve boşluklarını gidermede kızgınlık duygusunu uyuşturucu bir madde olarak kullanır ve diğer insanlara karşı yaşadıkları sürekli öfke sayesinde kendileriyle yüzleşmekten kaçınırlar.

Aslında, Freud'un da bu konudan dolaylı olarak söz etmiş olduğu söylenebilir. Bilindiği gibi, besin maddeleri sindirildikten sonra artıkları bağırsağın son bölgesinde birikir ve anüs kasları üzerinde belirli güçte bir basınç oluşturduğunda da dışarıya atılır. Dışkının atılması rahatsızlığa son verir ve bir ferahlama duygusu yaratır. Yaşamın ikinci yılında başlayan tuvalet eğitimi döneminde çocuk, anüs bölgesindeki gerilimi gidermekten duyduğu hazzı ertelemeyi öğrenmek zorunda kalır. Freud'a göre, annenin bu dönemdeki tutumu ve dışkılama işlevine karşı kendi duyguları, çocuğun ileride sahip olacağı bazı karakter özelliklerini ve değerleri önemli ölçüde etkiler. Eğer anne katı ve cezalandırıcı bir yöntem uygularsa, çocuk ya korkusundan dışkısını tutar ve kabız olur, ya da kızgınlığını dışavurur ve dışkısını sıklıkla ve rasgele bırakma alışkanlığı geliştirir. Aslında dışkılama işlevlerine karşı katı ve cezalandırıcı bir tutum geliştiren annenin, bu tutumunu çocuğun diğer davranışlarına karşı da göstermesi doğal bir beklentidir. Bu koşullarda yetişen bir çocuk ya tutucu bir karakter geliştirir ve ilerki yaşamında olumsuz duygularını baskı altında tutan biri olur, ya da tepkici bir karakter geliştirir ve baş kaldırıcı, yıkıcı, kızgınlık nöbetleri ya da eziyet etme eğilimleri gösteren bir kişilik yapısı geliştirir. Aslında dışkı ve kızgınlığın eşanlam taşıması küfür niteliğindeki bazı sözcüklerde de oldukça belirgindir.

Dünyaya karşı kızgınlığını ve insanlara yönelik düşmanca eğilimlerini bilinç düzeyinde yaşayan kişi diğer insanların olumlu yönlerini görmezden gelir, buna karşılık olumsuz yönlerini seçici bir biçimde algılayarak bunlara adeta bir büyüteçle bakar; hatta bazen bir insana onda bulunmayan olumsuz nitelikleri bile atfedebilir. Böylece, insanlara karşı geliştirdiği düşmanca duygulardan ötürü kendini haklı bulmaya ve suçluluk duygularıyla yüzleşmemeye çalışır. Yine de şiddetle savunduğu gerekçelerine karşın olumsuzluğun dışarıdan değil, kendisinden kaynaklandığını arada bir görebilir ve için için yaşadığı suçluluk duygularıyla yüzleşmek durumunda kalır. Ama bu dönemler genellikle çok kısa sürer ve o yine bildiği senaryoyu sürdürür.

Bazı uç durumlarda kişi öylesine çaresizdir ki, düşmanca duygularını dış dünyadaki insanlara mal edebilir ve onları kendisine kasıtlı olarak düşmanlık yapmakla ya da yapmaya hazırlanmakla suçlayabilir. Böyle bir kişi, çevresindeki insanların davranışlarından ve sözlerinden düşmanca anlamlar çıkarır. "Ben değil, onlar!" biçiminde bilinçdışı işleyen bu mekanizma sonucu kişi, kendisine yöneltildiğine inandığı düşmanca komplolara karşı önlemler almaya kalkabilir ve böyle bir durumda ciddi uyum sorunları ortaya çıkabilir. Paranoid eğilim denilen bu tür davranışlar süreklilik kazandığında ağır ruhsal sorunların yaşanmasına neden olurlar.

İnsan kızgınlığını bastırmadığında, bilinç düzeyinde ya da bilinçaltında bir duygu birikimi olmayacağına göre düşmanca eğilimlerin oluşmaması gerekirse de bu her zaman böyle olmaz. Çünkü önemli olan kızgınlığın yalnızca dışavurulması değil, nasıl yönetileceğidir. Bazı insanlarda "karakter özelliği"'ne dönüşen kızgınlık tepkileri her durumda aynı biçimde ortaya çıktığından, kişi çevresindeki olayları istediği gibi yönlendiremez. Üstelik, salt gerilim boşaltmadan öte bir niteliği olmayan ve kişinin davranışlarına etkinlik kazandırmayan bu tür kızgınlık tepkilerinin sonucunda ortaya çıkan olaylar kişinin yeniden kızmasına ya da kendisini suçlu hissetmesine neden olur. Böyle bir durumda kızgınlığın boşaltılmış olması düşmanca duyguların oluşumunu engelleyemez.

Kimi insan yaşadığı çeşitli olaylara ilişkin kızgınlık duygularını o anda önce bilinçli olarak yaşar, sonra derhal bastırır. Bastırılan bu kızgınlıklar birikir ve belirli bir sınırı aştıktan sonraki ilk olayda tümden dışavurulur. Ancak bu kez de verilen tepki yaşanmış olan en son olayla orantısız biçimde şiddetli olur ve bunun sonucu ortaya çıkan durum, kişinin suçluluk duyguları yaşamasına yol açar. Bu suçluluk, daha sonraki kızgınlık tepkilerinin tekrar bir patlama olana dek bastırılmasına neden olur ve böylece "biriktirme → boşaltma → suçlanma → yeniden biriktirme" biçiminde işleyen bir döngü yerleşir. Bu döngü, Freud'un tanımladığı ve cezalandırılmaktan korktuğu için dışkısını sürekli erteleyen çocuğun, sonunda biriken dışkıyı birden boşaltmasını ve bundan ötürü kendisini suçlu hissetmesini (ya da annesi tarafından cezalandırılmasını) anımsatır. Gerçekten de kızgınlıklarını biriktirdikten sonra birden boşaltan kişiler, gösterdikleri tepkinin çevrede neden bu denli olumsuz karşılandığını kavramakta güçlük çekerler. Çünkü gerilimin böylesi bir patlamayla boşalıvermesi, dışkılamadan sonra yaşanan ferahlamayı andıran bir duygunun yaşanmasına neden olur ve öncelikle bu duygu yaşandığından, kişi kendisini rahatlatan tepkisinin diğer insanlarda neden bir karşıt tepki oluşturduğunu anlamakta güçlük çeker.

Kimi insan ise sürekli olarak diğer insanları "iğneleyerek" kızgınlık boşaltır. Bu, mizah, şaka, sitem, kinaye, vb. dolaylı yollarla olduğu gibi, bazen de doğrudan ve acıtmak istercesine söylenen sözlerle gerçekleştirilir. Böyle durumlarda kişi sık sık, ama küçük oranlarda gerilim boşaltmakta olduğundan, davranışlarının diğer insanlar üzerinde oluşturduğu etkiyi algılayamayabilir. Hatta onlardan gelen karşıt tepkileri bazen şaşkınlıkla karşılar, bazen de kendisine yönelik düşmanca davranışlar olarak değerlendirir ve bu tür davranışlara kendisinin neden olduğunu göremez.

Bazı insanlar kendilerini engelleyen olayların yarattığı kızgınlığı, o anda, koşullar ne olursa olsun ve getireceği olumsuz sonuçları düşünmeksizin anlık patlamalarla dışavurarak boşaltma eğilimi gösterirler. Bu kişiler genellikle çevreleri tarafından öylece kabul edilir ve "kuru bir gürültü" olmaktan öte bir nitelik taşımayan tepkileri, kendi düşmanca eğilimlerine gerekçe arayan bazı alıngan kişilerin dışındaki insanlar tarafından fazla ciddiye alınmaz. Bu insanların, kızgınlıklarını anında boşalttıkları için düşmanca eğilimler geliştirmemesi beklenirse de çoğu kez öyle olmaz. Çünkü, salt gerilim boşaltmaktan öte bir nitelik taşımayan tepkiler olayları yönlendirebilme anlamına gelmez. Etkin olamayan bir insan ise ilişkilerinde rahat olamaz.

Bazı insanlar yaygın kızgınlık tepkilerini, her şeye karşı çıkma ya da insanları sürekli karşılarına alma biçiminde yaşarlar. Bu insanlar genellikle, özerk olmayı yanlış yorumlamış kişilerdir. Örneğin, bir diğer insanın görüşünü kabul etmek onlar için benliklerini yitirme anlamına gelir ve mutlaka bir karşıt görüş getirip tartışma ortamı yaratarak, yok olma kaygılarından kurtulmaya çalışırlar. Çoğu kez, ortaya attıkları karşıt görüşe gerçekten inanıp inanmadıkları da pek önemli değildir. Bazı insanlar ise otorite olarak algıladıkları her şeye karşı çıkar ya da baş kaldırırlar ve bunun bir özerklik savaşımı olduğunu savunurlar. Oysa, tepkileri salt bir baş kaldırıdan öteye gidemez ve karşı çıktıkları düşüncelerin yerine bir başka öneri getiremezler. Bu insanların kişilikleri yaratıcılıktan yoksundur ve hiçbir zaman etkin olamazlar. Bu nedenle davranışları, hem dışa hem kendilerine dönük yıkıcı öğeleri içerir. Çünkü böyle kişiler bir yandan sonu gelmeyen bir öfkenin tutsağı olarak kendilerini yıpratırlarken, diğer yandan diğerlerinin yapmaya çalıştığını eleştirmeye, bozmaya ve bazen de yıkmaya çalışırlar. Dıştaki olaylara sürekli karşı çıkarken aslında kendi varoluş sorumluluklarını üstlenmekten kaçındıklarını göremezler.

Bazı insanlarda ise denetlenemeyen kızgınlık tepkileri açık saldırganlık biçiminde yaşanır. Sözle ya da bazen bedensel yoldan verilen bu tür tepkiler genellikle olgunlaşmamış yetişkinlerde, çocuklarda ve az uygarlaşmış toplumların bireylerinde görülür. Kızgınlığın bu biçimde dışavurulması çoğu kez toplumun onaylamadığı olaylarla sonuçlandığından, denetim mekanizmaları gelişmiş insanlar tarafından pek kullanılmaz. Bireyin yaşadığı toplum grubunun değer yargıları, bu gibi tepkisel davranışların ne ölçüde hoşgörü ile karşılanacağını belirler. Örneğin, kırsal bölge insanları arasında olağan karşılanan öç alma, kan davası gütme, vb. davranışlar kent düzeninde insanı toplumdışı bırakabilir.

Bu tür tepkiler gerilimin boşalımını sağlamakla birlikte, kişiyi engelleyen durumla baş edebilmek için tasarlanmamış olduğundan, bu durumu ortadan kaldırıcı bir etki yaratamadıkları gibi çoğu kez kişiye zararlı olabilecek yeni bazı durumların ortaya çıkmasına da yol açarlar. Bazen gerilim o denli yoğunlaşabilir ki, daha fazla sabır göstermektense ne pahasına olursa olsun bu gerilimi dışavurup rahatlamak yeğlenir. Ama bunun karşılığı genellikle pahalıya ödenir. Savaş alanında uzun süre beklemek zorunda kalan bir askerin bazen sığınağından fırlayarak gözü dönmüş bir biçimde düşmana saldırdığı ve bunun bedelini hayatıyla ödediği görülmüştür.

Düşmanca eğilimleri denetim altında tutabilmek için kullanılan bir diğer yol da, dış dünya ile ilişkiyi en aza indirmektir. Bununla anlatılmak istenen, bir insanın bir odaya kapanması değil, duygusal tepki alanını daraltarak kendini zedelenmekten korumaya çalışmasıdır. Bu mekanizmanın gerisinde, düşman bir dünya içinde kendini yalnız ve çaresiz hissetme olgusu bulunur. Böyle bir insan, ilişkilerinde duygusallığa yer vermeyerek düş kırıklığına ya da incitilmeye karşı kendisini korumaya çalışmaktadır. Ancak, korkularının ve dış dünyayı ürkütücü bir alan olarak algılamasının kendi düşmanca eğilimlerinden kaynaklandığının bilincinde değildir.

Bazı insanlar yaşam boyu karşılaştıkları düş kırıklıkları sonucu, beklentilerini bir sınır içinde tutma eğilimi geliştirirler. Gerçekleşmesini çok istedikleri bir olaya çok yakınlaştıklarında bile umutlarını frenler, zamansız bir kutlamaya girmekten çekinirler. Bu insanlar duygusal dünyalarının üstünü sanki bir kapakla örterler. Sorunlarından söz ederken de başka bir insana ait olayları anlatıyormuşçasına davranır, yaşadıkları durumlara ilişkin herhangi bir duygusal tepki vermezler.

Ortalama insan da kendisini zedeleyen ve düş kırıklığına uğratan bazı olaylar karşısında duygusallıktan soyutlanma eğilimi gösterirse de etkin katılımı gerektiren durumlarda bazı riskleri göze alır. Oysa burada sözü edilen kişiler soyutlama mekanizmasını kendilerini her türlü acıdan koruyacak bir kabuk gibi kullandıklarından, yaşama etkin bir biçimde katılamaz, duygusal olmamayı güçlülük olarak yorumlarlar.

Böyle bir insanla beraberlik, arada görünmez bir perde varmışçasına yaşanır. Duygusal tepki vermediğinden herkes onu kendisine göre ve farklı biçimde algılar. Kimine göre soğuk ve kendini beğenmiş, kimine göre güçlü olabilirler. Kimi ise böyle bir insanı kusursuz biri gibi algıladığından karşısında küçüklük duygularına kapılabilir. Gerçekten de bu insanlarda duygusal tepkiler öyle ölçülüdür ki, büründükleri zırhın gerisinde yaşanan korkuyu algılamak oldukça güçtür. Bu nedenle bazı güçsüz insanlar onları yüceltir ve gerçek kimliklerini tanıyamamış olduklarını fark etmezler. Ne var ki, ister yüceltilsinler, ister soğuk ve kendini beğenmiş kişiler olarak algılansınlar, genellikle insanlar kendilerini onlar tarafından kabul edilmemiş hisseder. Hatta bazı insanlar tarafından "devrilmesi gereken" biri olarak değerlendirildikleri için "açıkları" aranır ya da saldırıya uğrayabilirler. Böylesi durumlar koruyucu kabuğun daha da kalınlaşmasına neden olabilir. Bunun sonucu oluşan kısırdöngü, bu kişilerin diğer insanlar tarafından anlaşılamama nedenlerinin kendilerinden kaynaklandığını görmelerini daha da güçleştirir. Ama asıl sorun, bu insanlarla yakın ilişki durumunda olan kişiler tarafından yaşanır. Gerçi, neden böyle bir insanı seçmiş oldukları çoğu kez kendi sorunlarının bir sonucudur, ama yine de bir insanla ömür boyu birlikte yaşayıp bir türlü ona ulaşamamış olmak katlanılması güç bir durumdur.

Duygusal dünyasını yalıtmış kişi bir insandan hoşlansa da bunu belli edecek tepkiler veremez. Getireceği acıyı çok yoğun yaşayacağından kabul edilmeme olasılığını göze alamaz. Ancak bu korkularının bilincinde olmadığı için, durumu abartılmış gurur sistemi içinde değerlendirir ve karşı taraftan bir adım atılmadıkça bir insana yaklaşmayı kendisine yakıştıramaz. Bu nedenle, çoğu kez kendisini kabul eden ya da kabul eder görünen insanlarla ilişki kurabilir. Bir diğer deyişle, incinmekten korunabilmek için seçmez, seçilir. Ne var ki, böyle birini seçen kişiler de aslında ya yücelttiği bir insana tapınma ihtiyacında olan edilgin-bağımlı, ya da kendilerini reddedilmiş hissettiklerinde tahrik olan ve ulaşılmaz bir kaleyi ele geçirerek zafer kazanacakları sanısına kapılan insanlardır. Oysa ortada ne tanrı vardır ne de kale: yalnızca korkup içine kapanmış bir insan!

İncinmekten ya da daha doğrusu, incitmekten korkan bazı insanlar duygusal dünyalarını mantık ve düşünce yoluyla da yalıtabilirler. Böyle bir insan kendisine acı veren durumlara ilişkin duygusal tepkilerini mantıksal açıklamalarla denetlemeye çalışır. Bunu yaparken ya kendi tepkisizliğine ya da karşı tarafın tepkilerine gerekçeler bularak etkin olamamasının yarattığı değersizlik duygularını hafifletmeye çalışır. Duygusal olaylara nesnel bir yorum getirerek tepki verme sorumluluğundan kaçınma, daha çok aydın kişiler arasında görülür. Çünkü, düşünce ve mantık, çağdaş insanın duygusal yaşantıların olumsuz etkilerine karşı geliştirdiği etkili bir korunma aracı durumuna gelmiştir. Günümüzde çoğu aydın, bir araya geldiklerinde duygularını yaşayacakları yerde, soyut kavram tartışmaları aracılığıyla ilişki kurma eğilimi göstermekteler. Bunun sonucu bazen bir insanın duygu ve düşünceleri arasındaki kopukluk öyle boyutlara ulaşabilir ki, kişinin savunduğu düşüncelerle duygusal tepkileri arasında önemli çelişkiler ortaya çıkabilir.

Dış dünyayı tehlikeli bir alan olarak algılama ve insanlara güvenememe sonucu geliştirilen bir diğer yalıtım mekanizmasında kişi, diğer insanlardan bağımsızlaşarak iç ve dış ihtiyaçlarının onlar tarafından etkilenmesine karşı önlem almaya çalışır. Böyle bir insan için amaç, "kendi kendine yeterli olmak" ve "kimseye muhtaç olmamak"tır. Ne var ki bu, gerçekleştirilmesi olanaksız bir amaçtır. Diğer insanlara muhtaç olmamak için çaba gösterildikçe, bilinçaltında giderek yoğunlaşan bağımlılık eğilimleri ve düşmanca duygular sonunda denetlenemez bir duruma gelebilir ve kişinin içine gömüldüğü yalnızlık sonucu ciddi uyum sorunları ortaya çıkabilir.

Yukarıda tartışılan tüm kızgınlık tepki türlerinin ve düşmanca eğilimleri denetim altında tutma mekanizmalarının bir ortak yanı bulunur: Kişi, içinde yaşadığı durum ne olursa olsun aynı tepkiyi gösterme ya da aynı mekanizmayı çalıştırma eğilimindedir. Bunlar çocukluk yıllarının düş kırıklıklarına karşı bilinçaltında geliştirilmiş koruyucu tepkilerdir. Burada koruyucu tepki deyimiyle anlatılmak istenen, bozuk da olsa, kişinin içsel gerilimleri ile dış dünyaya ilişkin beklentiler arasında kurulmuş olan dengedir. Gerçi bu denge, öğrenilmiş olan bazı yanlış tepkileri ya da etkin olabilmek için gerekli tepkileri öğrenememiş olmayı içerir. Ama yine de kişinin alışagelmiş olduğu bir durumdur. Bu nedenle kişi, dengesini sağlayan bu mekanizmalara sıkıca sarılır ve esneklikten yoksun davranışlar geliştirir.

Oysa, sürekli değişen koşullara uyum sağlayabilmek ve yaşama etkin bir biçimde katılabilmek belirli bir esnekliği ve yaratıcılığı gerektirir. Örneğin, kendisini engellenmiş hissettiği her durumda aynı kızgınlık tepkisini veren kişi etkin olamaz. Burada etkin olmakla kastedilen, kişilerin olaylara kendisini iyi hissedebileceği bir biçimde yön verebilmesidir. Bu tür bir yönlendirme ise yaratıcı olabilmeyi gerektirir. Yaratıcılık ise içinde bulunulan duruma karşı en uygun tepkiyi verebilmeyi içerir. Örneğin, bir insan kendisini engelleyen bir duruma ilişkin kızgınlığını açıkça yaşayabilir, kendisini kızdıran durumdan uzaklaşabilir, tepkisini daha uygun bir zamana erteleyebilir, hiç tepki vermemeyi daha uygun görebilir, kendisini kızdıran durumu ortadan kaldıracak tasarımlar yapabilir ve eylemlerde bulunabilir ya da öfkesini boşaltmak amacıyla gidip odun kesebilir. Bu tepkilerden hangisini vereceğini o andaki koşullara göre ve otomatik olarak seçebilecek ustalığı geliştirebilmiş olan insan, hem etkin bir biçimde yaşama katılabilir, hem de insanlarla baş edebilmenin sağladığı güven duygusu sayesinde doyurucu ilişkiler kurabilir.

Bir insanın böyle bir esnekliği kazanabilmiş olması için önkoşul, kızgınlık duygularının bilincinde olabilmesidir. Kızgınlığını fark edebilmesi için ise bu duygusundan ötürü suçluluk duymamış olması gerekir. Böyle bir durumun gerçekleştirilebilmesi ilk bakışta olanaksız gibi görünebilir. Ama aslında içinde yaşadığımız dünya kültürü ve çağdaş aile yapısı, uygarlaşmış bir birey olabilmek için bazı olumsuz duyguların bilinçaltına bastırılmasını değil, bilinçli olarak denetlenmesini zorunlu kılmaktadır. Çocuk eğitiminde de önemli olan çocuğun kızgınlığını yaşamaması değil, bu duygusunu toplumun onaylamayacağı davranışlara dönüştürmemesidir.

Daha önce de belirtildiği gibi, olumsuz duyguların bastırılmasını zorunlu kılan bir ortamda yetişmiş olmak düşmanca eğilimlerin gelişmesine ve insanın kendisine yabancılaşmasına neden olur. O halde, olumsuz duyguların bilincinde olmayan bir insan için bu konuda bir çıkış yolu olabilir mi? Böyle bir soruya olumlu bir karşılık vermek, daha önce yaptığımız tartışmaların ışığında biraz yadırgatıcı görünebilir. Ne var ki, düşmanca eğilimlerini bilinçaltının en derinlerine itmiş bir insan bile aslında hoş olmayan bazı duyguları taşımakta olduğunun, belli belirsiz de olsa farkındadır. Ama bunu görmezden gelme çabasındadır.

İşte bu noktada önemli olan, bu tür olumsuz duyguların evrensel nitelikte olduğu gerçeğini özümseyebilmektir. Çünkü çoğu insan, bu duyguların başkalarında da olduğunu gözlemlemiş ya da bu tür duyguların varlığının doğal olduğunu mantıksal olarak kabul etmiş de olsa, kendine ait olan duyguların suçluluğundan kurtulamadığı için başkalarına tanıdığı hakkı kendisine tanıyamaz. Özellikle, düşmanca eğilimleriyle yüzleşmemek için kurduğu savunma sistemi çok katı ise! Dolayısıyla, bir insanın yaşamakta olduğu kısırdöngülerden kurtulabilmesi için belirli bazı çözüm önerileri de söz konusu olamaz. Çünkü her bir insan kendi benliğiyle yüzleşmeyi göze alabildiği ve değişmeyi istediği oranda değişebilir. Böyle bir değişim sürecini başlatabilmek için insanın davranış alanını daraltan katı savunma sistemlerini görebilmesi gerekir.

Böyle bir süreci başlatabilen insan kendisine yabancılaşmış olduğu tüm yönlerini birden göremez. Bu, oldukça yavaş ve ömür boyu süren, ama hiçbir zaman tamamlanamayan bir süreçtir. Her bir kısırdöngü ortadan kalktıkça, onun altında örtülü kalmış potansiyel de değerlendirilmeye başlanır. Böylece, önceleri savunma amacıyla kullanılan bir miktar enerji daha, iyi yaşamak için kullanılır. Az da olsa, bunun insana kattığı yeni güç bir başka kısırdöngünün ortadan kaldırılmasına katkıda bulunur. Ve insan, evrim denilen süreci, takılmış olduğu yerden harekete geçerek, yeniden işletmeye başlar. Ama bunun yavaş bir süreç olduğunu kabul etmek koşuluyla!

Değersizlik Duygusu

İNSAN, doğa güçlerine ve bazı hayvan türlerine oranla zayıf bir varlıktır. Bu nedenle, her insanın varoluşunda eksiklik duygusu vardır. Çünkü insan, çocukluk döneminden ötürü, yaşamına "normal" bir çaresizlik içinde başlar. Çocukken, güçlü yetişkinler arasında yaşayan güçsüz bir varlıktır. Sonraki yaşamı boyunca, daha önce kendisine egemen olan insanlar ve doğal güçler üzerinde üstünlük kurmak ve gücünü kanıtlamak için çaba gösterir. Çoğu kez bununla da yetinmez, kusursuz bir varlık olmaya çalışır.

İnsanın dünyaya gelişiyle yaşanmaya başlanan ve ömür boyu süren bu duygu evrenseldir. Çünkü doğadaki tüm varlıklar "eksi" bir durumdan "artı" bir duruma geçmek için sürekli çaba içindedirler. İnsandaki eksiklik duygusu da, bireyin gelişimi ve insanlığın evrimi için gerekli bir dürtüdür. Ama çoğumuz bu duygunun varlığını yadsıma eğilimindeyizdir. Çünkü eksiklik, toplumsal değer yargılarına göre arzu edilmeyen bir durumdur. Bu nedenle, eksik yönlerimizi ancak bazı durumlarla yüz yüze geldiğimizde kabul ederiz. Eksiklik duygusu, yarattığı hoşnutsuzluğa karşın yaşanması da kaçınılmaz bir olgudur. Üstelik insanın yaşamını sürdürebilmesi ve gelişebilmesi için zorunludur. Çünkü eksikliğin fark edilmesi insanı güdüler ve eyleme geçirir.

Değersizlik duygusu ise yukarıda tanımlanan "normal" eksiklik duygusundan çok farklıdır. İnsanı daha fazla şeyler yapmaya ve yaratmaya güdülemediği gibi, bir kısırdöngünün yaşanmasına da neden olur. Değersizlik duygusu, bir insanın kendisini diğer insanlardan daha değersiz bir varlık olarak algılamasını tanımlar ve kökenini çocukluk yaşantılarından alır. Bir çocuğa değer verilmemesi, onu kendine özgü hakları olan özerk bir varlık olarak tanımama anlamına gelir. Çünkü bir insana değer vermek, onun gerçeklerini anlamaya çalışmak ve onu olduğu gibi benimseyebilmektir. Ama birçok kişi diğer insanlara değer verdiği sanısıyla aslında kendi narsisist ihtiyaçlarına doyum sağlar.

Kendisine değer verilmemiş bir insan bir başkasına değer veremez. Bunu sonradan öğrenebilmesi de ancak kendisine değer verebilmeye başladıktan sonra işleyebilen iki yönlü bir süreçtir. Bir başka deyişle, insan kendine değer verebildiği oranda başkalarına da değer verir; diğer insanlara gerçek anlamda değer verdiğini hissettikçe kendisini de değerli bulur. Yoksa bir diğer insanı yücelterek kendimizi küçültmek, ne ona ne de kendimize değer vermektir. Üstelik böyle bir durum, değersizlik duygularının gerisinde yatan düşmanca eğilimlerin ve suçluluk duygularının daha da pekiştirilmesine neden olur.

Değersizlik duyguları yaşayan biri için diğer insanlar ya kendinden üstündür ya da aşağı; eşiti yoktur. Bazı insanları küçümser, çünkü onlarda kendisine benzeyen bazı özellikler görür ve bu insanları hoşlanmadığı benliğini kendisine yansıtan bir ayna gibi algılar. Ama bunun bilincinde olmadığı için onları kendisinden daha değersiz bulur. Aslında, başkalarını küçümseyen insan, kendisini de küçümseyen, dolayısıyla küçümsenmekten korkan biridir. Bir başkasının onu küçümsemesi, aslında kendisinin de kendisini küçümsemekte olduğu gerçeği ile yüzleşmesine neden olur.

Değersizlik duyguları yaşayan bir kişinin bazı insanları yüceltmesi, geliştirmiş olduğu gerçekdışı senaryoların bir sonucudur; bu insanların kendisinin ulaşmak istediği görkeme sahip olduğu yanılgısından kaynaklanır. Öte yandan bu insanlara karşı bilinçdışı bir düşmanlık da yaşar; çünkü varlıkları ona kendi yetersizliğini hatırlatır. Tersine işleyen bir süreçle bilinçdışındaki düşmanlık duyguları yoğunlaştıkça, bu insanlara karşı duyulan hayranlık da artar. Bu, biriken düşmanlık duygularını bilinçdışında tutmak güçleştiğinde kullanılan bir denetim mekanizmasıdır. Ancak bazen yüceltilen kişinin yadsınamayacak bir açığı fark edildiğinde, biriken düşmanca eğilimler birden bilince ulaşabilir. Ve kişi kendi yarattığı tanrıyı yine kendisi yok eder. Bir insanı önce yüceltip daha sonra onu devirmeye çalışmak toplumumuz bireylerinde oldukça sık görülen bir olgudur.

Arabasını sorumsuzca süren bir insan kendisinin de diğer insanların da değeri olabileceğinin, daha doğrusu hayatın ne kadar değerli olduğunun farkında değildir. Sağlıklı bir yaşam için gerekli önlemleri bildiği halde önlem almayan bir insan da öyle.

Değersizlik duyguları yaşayan bir insan, kendi "değersiz" varlığına tanımadığı hakları başka insanlara tanıma eğilimindedir. Ancak genellikle kendi yakınları, daha doğrusu kendine bağımlı olan eş, çocuk, vb. kimseler bunun dışında kalır. Çünkü kendisi gibi onları da küçümser ve değersizliğinin bir uzantısı gibi algılar. Kendisini reddetme olasılığı olan kişilere önem vermesine karşılık, kendisini kabul edici tutumlar içinde olan kişileri küçümseyebilir. Ona göre, değersiz birini kabul eden bir insanın kendisi de değersizdir.

Çoğu insanın gerçek benliğiyle, toplumun onayını sağlamak için dış dünyaya karşı takındığı kimlik birbirinden farklıdır. İnsanlar özellikle çalışma yaşamlarında böyle bir maskeyi sürekli kullanırlar; genellikle akşam eve gidince çıkarır, ama çoğu kez bir başka maske takarlar. Kimi insan arkadaşlarıyla birlikteyken bir üçüncü maske de kullanabilir. Böylece değişik durumlara kendini uyarlamaya çalışır. Belirli bir ortamda, bu maskeler insanın çağdaş dünya koşulları içindeki yaşamını sürdürebilmesi için zorunludur. Gereğinde, hoşlanmadığımız kişilere karşı dostça tutumlar takınmamızı sağlar ve insanın çıkarlarını korumasına yardımcı olur. Ne var ki, eğer bir insan oynadığı bu rollere kendisini fazlaca kaptırırsa, oynamakta olduğu rol ile kendi gerçek benliğini birbirinden ayırt edemez bir duruma gelir ve kendisine yabancılaşmaya başlar. Sonunda benliği "şişer" ve kendisine aşırı önem vermeye başlar. Bununla da yetinmez, bu rolü diğer insanlara da yansıtır ve onlardan da aynı rolü oynamalarını bekler. Otorite durumuna geldiğinde kendisiyle birlikte çalışanları bunaltır, ana ya da baba olduğunda çocuklarından yeteneklerinin üzerinde başarılar bekler.

Bir insanın ne olduğu ile ne olması gerektiği konusundaki tutarsızlığı değersizlik duygularının doğal bir sonucudur. Bu nedenle kendisine yabancılaşma pahasına önemli başarılar kazanmış bazı insanlar, zaman zaman boşluk ve anlamsızlık duyguları yaşarlar. Kimi, o güne değin kendisini aldattığını ve gerçekten ilgilenmediği şeylerle ilgilenir görünmüş olduğunu fark edebilir. Bunu göremeyenler ise kazandıkları başarılara karşın yine de kendilerini yetersiz görürler. Böyle bir durum değersizlik duygularının daha da pekiştirilmesine neden olur.

Kişiliğin bireyleşebilmesi için, insanın kendisine ilişkin gerçekleri olabildiğince bilinçlendirebilmesi gerekir. Ne var ki, birçok insan kendini tanımak için çaba göstermeksizin yaşamına anlam katabilmeyi umar ve beklediklerini bulabilmek için bir mucizenin gerçekleşmesini bekler. Oysa insan, gerçeklerini tanıyabildiği oranda kendisiyle uzlaşır ve çevresine karşı da daha hoşgörülü olur. Bunu başaramayan biri ise hoşlanmadığı ve kabul etmediği bilinçdışı benliğini diğer insanlara yansıtır, onları eleştirir ve kınar. Bunu yaparken, aslında, tanımadığı gerçek benliğini seyretmekte olduğunun farkında değildir.

Değersizlik duyguları yaşayan insan, kendi gerçek benliğini kabul etmediğinden, gerçekdışı bir üstünlük düzeyine ulaşabilmek için çaba harcar ve enerjisinin çoğunu bu amaç için tüketir. Ne var ki, bu amaca ulaşmak için geliştirdiği yöntemler esneklikten yoksundur ve kendisini tanrılaştırmak umuduyla oluşturduğu hedefler ulaşılamaz niteliktedir. Üstelik seçtiği hedefler, topluma değil kişisel çıkarlarına yöneliktir; tasarıları bencil niteliktedir ve kişisel üstünlüğünü sağlayabilme yolunda diğer insanlara zarar verebilecek girişimlerde bile bulunabilir. Üstünlüğünü güç ve para kazanarak gerçekleştirmek isteyen kişi amacına ulaşmak için diğer insanları kolayca harcayabilir. Entelektüel üstünlüğünü kanıtlamak için çevresindekileri sürekli eleştiren ve yanlışlarını arayan bir diğeri, onların düşünce ve isteklerine saygı gösteremez. Ancak, diğer insanlara değer veremediği için tüm bu çabalarına karşın kendisini yine de değersiz bulur ve toplumun dışında kalmış hisseder. Saygınlık uğruna bu denli çaba harcadığı halde çevresindekilerin saygısını kazanamamış olmasının nedenini bir türlü anlayamaz.

Değersizlik duyguları yaşayan bir insan, ilişkilerinde tutarsızdır. Bazen üstünlüğünü kanıtlamak amacıyla insanlarla yoğun bir ilişkiye geçer, kendisini eksik ve yetersiz bulduğu zamanlarda da onlarla karşılaşmamaya çalışır. Böyle bir insan ancak kendi üstünlüğünü yaşayabileceği ortamlara girme yürekliliğini gösterir, ikinci planda kalacağını hissettiği ya da üstünlük maskesinin düşerek değersizlik duygularıyla yüzleşme tehlikesinin bulunabileceği durumlardan uzak durur. Örneğin, para gücüyle kendisine saygınlık sağlayan biri, entelektüel değerlere önem verilen bir ortamda bulunmaktan kaçınabilir; her yerde birinci planda olmak isteyen bir başkası, girdiği bir toplulukta diğer insanların görüşlerini paylaşmamak ve onlardan farklı biri olduğunu vurgulamak için konuşmalara katılmayabilir. Çünkü değersizlik duyguları yaşayan bir insan üstün olmak "zorundadır".

Değersizlik duygularını giderme amacıyla üstün olma ya da görkeme ulaşma çabasında olan kişi, bunu gerçekleştirmek için düş gücü ürünü bir amaç geliştirir ve tüm davranışlarını bu tasarım çerçevesinde düzenler. Arada bir diğer isteklerinden ve amaçlarından söz etse de, geliştirmiş olduğu tasarımın gerektirdiği yönelimin dışına çıkamaz. Örneğin, herkesin saygınlığını kazanmayı amaçlamış olan kişi, diğer insanlarla beraberliklerinin her anında davranışlarını bu amacına göre ayarlar. Belirli bir senaryoyu izlemek zorunda olan bir oyuncu gibidir, ama oynadığı oyunun bilincinde değildir. Ancak saygı gördüğünde var olduğunu hissedebildiğinden, diğer seçenekleri göremez. Görkeme ulaşma çabası içinde olan kişi, birbiriyle çelişkili durumları birlikte yaşar. Bir yandan benliğine egemen olan amaca ulaşmaya çalışırken, öte yandan bu amacı gerçekleştirmiş olduğuna inanır. Örneğin, insanların hayranlığını kazanmayı amaç edinmiş biri, bir yandan bunun için çaba gösterirken, öte yandan kendisini herkesin hayranlığını kazanmış biri olarak görür. Bir yandan herkesin kendisine hayran olduğuna inanırken, öte yandan bunun çevresindeki insanlar tarafından sürekli doğrulanmasını ister. Beklediği övgüyü bulamadığı zamanlarda çevresini buna zorlayıcı davranışlara girişir. Kendisine göre bu onun hakkıdır.

Değersizlik duygularına karşı böylesine mantıkdışı bir gurur sistemi geliştirmiş olan kişi, kusursuz saydığı benliğine uygun düşmeyen davranışlarda bulunduğunu fark ettiğinde, kusurunu kesinlikle hoşgörmez. Neden öyle davrandığını anlamaya çalışacağı yerde kendisini yargılar ve eleştirir. Kendisine olan hoşgörüsüzlüğü, gerçek dünyasını anlayabilmesini ve yaşadığı olaylardan ders alabilmesini engeller. Gerçek kişiliğinin olmak istediği kişinin özelliklerine sahip olmaması, bocalamasına neden olur. Kendisini her an başkalarıyla kıyaslamak ve onlardan daha üstün olduğunu hissetmek "zorundadır". Bundan ötürü gerçek benliğiyle yüzleşme olasılığının tehdidi altında yaşar.

Kendisini üstün bir varlık olarak algılayan kişi, çevresinden gelen en küçük bir eleştiriye bile katlanamaz. Gerçek benliğiyle yüzleşmesine neden olan durumları dünyanın sonu gelmişçesine yaşar. Bu nedenle gururunu incitebilecek bir durumla karşılaştığında ya da karşılaşmak üzere olduğunu hissettiğinde o durumdan kaçmaya çalışır. Kaçamadığı durumlarda ise değersizlik duygularının gerisindeki düşmanca eğilimler denetimden çıkar ve gururuna darbe indirenlerden öç almaya çalışır.

Bu tür bir gurur insanı kendisine yabancılaştırır ve kişilik bütünlüğünün bozulmasına neden olur. Gerçek benliğine karşı geliştirdiği nefret sonucu görkemli bir kişiliği benimsemeye çalışan insan bu uğurda sürekli ödün verir. Kendisi için daha önemli olan pek çok konuyu bir yana bırakarak tüm çabasını ve enerjisini yüceltmiş olduğu görüntüsünü sürdürebilmek için yaptığı gereksiz yatırımlarda kullanır. Verilen ödünlerse, kendine yönelik nefret duygularını pekiştirir ve bir kısırdöngünün yerleşmesine yol açar. Kişiliğini bütünleştirebilme çabası içinde, bazen olmak istediği kişiyle, bazen de hoşlanmadığı benliğiyle özdeşleşir. Ancak, hangi yöne giderse gitsin, ikisi arasındaki çatışmadan kurtulamaz ve bu durum ona acı verir.

Değersizlik duyguları bir insanın cinsel kimliğine ilişkin olarak da yaşanabilir. Bu olgu kadınlarda erkeklerinkine oranla daha açık bir biçimde yaşanır. İçinde yaşadığımız kültür, erkeğe ve erkeklik rolüne öncelik tanır. Buna karşılık, kadın ve kadının yaptığı işler üstü kapalı bir biçimde küçümsenir. Toplumumuzun bazı kesimlerinde olduğu gibi, kız çocuğa erkek çocuktan daha az değer verilen bir ortamda yetişmiş bir kadın, hemcinslerini küçümseyebilir ve gerçek kadınlık kimliğinden saparak toplumun yeğlediği erkeksi davranışları benimseyebilir. Böyle yapmakla üstün bir varlık olabileceğini ve değersizlik duygularına çözüm getirebileceğini sanır. Oysa bu davranışlar yalnızca erkeklerde görüldüğünde toplumun onayını kazandığından, gerçek kimliğinden vazgeçmekle kendisini, herkesten önce kendi gözünde küçük düşürmekte olduğunu fark etmez. Bu tür davranışlar bazen kadının kadınlığıyla çevresine meydan okuması, örneğin erkekleri önce baştan çıkarıp sonra onları incitmeye ya da sömürmeye çalışması biçiminde de görülebilir. Bu davranışların gerisinde kadınlık kimliğine ilişkin değersizlik duyguları bulunur.

Benzer davranışlara erkeklerde de rastlanır. Toplumun erkek kimliğine ilişkin beklentilerini karşılayamadığı için kendisini değersiz bulan insanlar, erkekliklerini abartılmış bir biçimde yaşayarak üstün bir varlık olabilecekleri sanısına kapılırlar. Böyle erkekler çok sayıda kadını baştan çıkarmakla ya da saldırgan davranışlarda bulunmakla güçlü erkek imajına ulaşabileceklerine inanmışlardır. Kimi ise erkekliklerine ilişkin değersizlik duygularını tam karşıtı bir yönde ödünlemeye çalışır. Kadınsı bir kimliği benimseyerek kendisinden beklenen erkeklik rolüne aldırmadığını, topluma meydan okurcasına ve insanları şoke edercesine ortaya koyar.

Böylece cinsel kimliklerine ilişkin değersizlik duyguları yaşayan kadın da, erkek de "erkeklik" olarak yorumladıkları davranışları benimsemeye çalışır ve bu abartılmış davranışların gerçek anlamdaki erkek kimliğiyle ilişkisi olmadığını göremezler. Bu kişiler, toplumda erkeklik ve güçlülük kavramlarının eşanlam taşıması sonucu, kendilerine göre geliştirdikleri bir erkeklik imajının beklentilerine kendilerini uydurmaya çalışırlar. Bir başka deyişle, kadın "erkek", erkek de "daha erkek" olmakla "güçlü" olabileceğine inanır.

İnsanın üstün sandığı gerçekdışı bir kimliği benimsemeye çalışarak değersizlik duygularından kurtulmaya çalışması, daha ciddi sorunlar yaşamasına neden olduğu gibi, asıl soruna da çözüm getirmez. Üstelik kendisini değersiz bulmasına neden olan ilkel tepki eğilimlerinin denetimi daha da güçlenir. Örneğin, kimi insan entelektüel bir üstünlük geliştirip her şeyin irade ve mantık gücüyle çözümlenebileceğine kendisini inandırmaya çalışır, ama duygusal yaşamında da yalnızdır ya da başarısızdır. Görkeme ulaşma çabası insanın yaşam alanını da daraltır. Yaşamı kendisini üstün hissedebileceği durumlarla sınırlandırdığından yeni deneyimlere ve değişik yaşantılara kapalıdır. Kaldı ki sürekli görkem ya da kusursuzluk bir ütopyadır. Kusursuzluğun tanımı yapılabilmiş olsaydı, bu tanımdaki ölçütlere uyabilen bir kişi herhalde çok sıkıcı olurdu. Kusursuz olmaya çalışanlar bile öyle olduktan sonra!..

Üstün olmak "zorunda" olan kişi bir varoluş savaşı vermektedir. Bu nedenle yalnız kendisiyle ilgilidir ve asıl sorun da buradan kaynaklanır. Dostluk ve yardımseverlik toplumsal insan türünün kalıtsal bir parçasıdır. Bu eğilimler insanın çocukluk döneminde çevresiyle olan sıcak etkileşimi sonucu gelişir ve zenginleşir. Benmerkezcilik, çocukluk dönemlerinde sıcak tepki vermeyi öğrenememiş olma sonucu oluşan kusurlu bir davranıştır. Diğer insanların gerçeklerini anlayabilmek için dürüst bir çaba göstermeyen ve yalnızca almak için veren ya da verir görünen bir insan, suçluluk ve değersizlik duygularından kurtulamaz.

Bir insan varoluşunun getirdiği sorunlara güvenli ve gerçekçi bir biçimde yaklaşabiliyorsa, değersizlik duyguları yaşamaz. Yenilgiyi de başarı gibi yaşamın doğal bir parçası olarak kabul ettiğinden, karşılaştığı durumlardan ve kendisiyle ilgili gerçeklerden kaçmaz. İç dünyasındaki çaresizlik duyguları ve dıştan gelen zorlanmalar onu yapıcı çabalara yöneltir. Kendisinin ve diğer insanların ortak özelliklerine, amaçlarına uygun düşünce ve değer yargıları geliştirebilmiş olduğundan suçluluk duyguları yaşamaz. Sağduyusu sayesinde bulduğu çözümler başkalarının çıkarlarına karşıt düşmez. Sağduyudan yoksun bir kişi, kendisini ve dünyayı salt kendi açısından görür, kişisel çıkarlarına yönelik amaçlardan başkasını düşünemez.

Acı da verse hoşlanmadığımız kendimizle yüzleşebilmeli ve bu yüzden asla kendimizi lanetlememeliyiz. Kendini lanetlemek ya da kendine acımak insanın sorumluluklarını görebilmesini engeller. Güçlülük, yürekli olmayı gerektirir. Yüreklilikse insanın kendi gerçekleriyle yüzleşebilmesini içerir. İnsanın kendine yabancılaşması pahasına kazanılan güç, gerçek güç değildir. Güçsüzlüğümüzü yaşayabilecek yürekliliği gösterdiğimiz bir anda biri bizi küçümserse, bu onun sorunudur. Aslında için için aynı yürekliliği gösterebilmiş olmayı o da ister, ama abartılmış gururunun tutsağı olduğu için bunu göze alamaz. Bazı insanlar, kendimizi dürüstçe yaşadığımız zaman, diğerlerinin bu "açık"tan yararlanarak bizi devirmeye çalışacakları görüşünü savunurlar. Oysa bir insan ancak kendi içinde devrikse başkaları tarafından devrilebilir.

Kusurlu bir yanımızla yüzleşip bunu kabul edebilirsek, bu yanımızın bir süre sonra ortadan kalkma olasılığı da artar. Bu çoğu kez bilinçli bir çabayı gerektirebilirse de, bazen çözüm hiç fark etmeden gerçekleşir. Böyle bir süreci başlatmış olmak, insanlarla ilişkilerimizde daha da etkin olmamızı sağlar. Çünkü kendimize karşı hoşgörülü oldukça, diğer insanların kusurlu yanlarını da daha kolay kabul edebiliriz. Dolayısıyla onlara gerçek anlamda bir şeyler verebilmemizin gururunu yaşamaya başlarız. Bu, benliğin şişmesiyle sonuçlanan gururdan çok farklı bir duygudur. İnsanın kendisine değer verebilmesini içerir.

Kaygı

İNSANLAR VARDIR, işleri yolunda gitse de kaygılıdırlar. İlişkilerinde de aşırı duyarlı olan bu kişiler yaşadıkları günlük sorunlar karşısında kendilerini yetersiz bulur, kolayca depresyona girerler. Belirsiz kaygılar ve aşırı duyarlık, sürekli sıkıntılı ve gergin olmalarına, umutlarını kolayca yitirmelerine neden olur. Dikkatlerini toplayamadıkları ve yanlış yapmaktan çok korktukları için karar vermede güçlük çekerler. Büyük zorlukla bir karara ulaşabilseler bile, yapabilecekleri yanlışlar ve bunların doğurabileceği olumsuz sonuçlar üzerinde aşırı bir kaygı sürdürürler. Bu insanların üzüntü konusu yaratmadaki hayal güçleri sonsuzdur. Bir üzüntü konusu ortadan kalktığı anda yeni bir sorun bulunur ve sonunda çevrelerindeki kişilerin sabrı tükenir. Üzüntüler gece yatağa girdikten sonra da bitmez. Günlük olaylara ilişkin kaygılara, geçmişte yapılmış yanlışlar ve gelecekte ortaya çıkabilecek güçlükler eklenir. Bu düşünceler sona erip uykuya dalındığında da kaygı içerikli rüyalar görülür ve ertesi sabah başlayan gün de kaygıyla karşılanır. Özellikle boyun ve omuz bölgelerinde daha çok duyulan kas gerilimi, sık idrar yapma, uyku düzensizlikleri, terleme, avuç içlerinin sürekli soğuk ve ıslak olması, görünür bir neden olmadan kan basıncının ve nabız hızının artması, kalp çarpıntıları gibi bedensel belirtiler de bazen bu duruma eşlik edebilir.

Böylesine yaşanan kaygının korku duygusuyla bazı ortak yönleri vardır. Her iki duygu da yaklaşmakta olan bir tehlikeye karşı geliştirilmiş duygusal tepkilerdir. Her iki duyguya da bazı bedensel belirtiler eşlik edebilir. Ancak iki duygu arasında çok önemli bir fark vardır. Korku, herkes tarafından tehlikeli olarak kabul edilen bir duruma karşı yaşandığı halde, kaygı kişinin kendisinin ürettiği bir duygudur ve bu duyguya neden olarak gösterilen durum çoğu insana saçma görünür.

Kaygılı insan, kaygılarının mantıkdışı olduğunu çoğu kez kendisi de kabul eder. Bir insanın telaşlı bir gününde evden çıkmadan önce havagazını kapattığını hatırlayamayıp geri dönerek kontrol etmesi doğal bir tepki sayılabilir. Ancak, eğer bu insan geri dönüp havagazını kapalı bulduğu halde tekrar dışarı çıktığında aynı kaygıya yeniden kapılırsa ve bu davranışını sık sık yinelerse durum farklılaşır. İnsanlar vardır, bir çift ayakkabı almak için bildikleri çoğu dükkânı dolaşır yine de bir karar veremezler. Sonunda karar verip aldıkları ayakkabıları eve döndüklerinde beğenmez, bir önceki dükkânda gördükleri ayakkabıların daha iyi olduğu duygusuna kapılır, hatta bazen aldıklarını değiştirmeye çalışırlar. Bu nedenle alışverişe mutlaka birisiyle birlikte giden insanlar vardır. Bu insanlar için en basit konularda bile karar verebilmek bir ölüm kalım sorunuymuşçasına yaşanır; düşünceleri bir türlü sonuca ulaşamadan iki karşıt seçenek arasında gider gelir.

Kaygılı insanların olaylara bakış biçimi oldukça karamsardır. Günlük olağan sorunları bile dünyanın sonu gelmişçesine yaşarlar. Kendilerine ilişkin olaylarda olduğu gibi, diğer insanların yaşantılarına ilişkin beklentileri de daima olumsuzdur. Ürettikleri "felaket senaryoları" ile çevrelerindeki insanları da bunaltırlar. Çünkü kaygı bulaşıcı bir duygudur ve kaygılı insan çoğu kez çevresindeki kişileri de kendi sistemine sokmayı başarır. Ancak bu arada ilginç bir çelişki de yaşanır. Kaygılı insan, kaygılarına katılmayan kişilere karşı bir yandan kızgınlık yaşar ve onları kendisini ciddiye almamakla suçlarken, öte yandan kendisiyle birlikte sürüklenmedikleri için onlara saygı ve güven duyar.

Kaygıyla birlikte yaşanan bir diğer duygu da, çaresizliktir. Her insan yaşamı boyunca zaman zaman baş edemeyeceğini fark ettiği durumlarla karşılaştığında çaresizlik duyguları yaşayabilir. Ancak kaygılı insanda bu duygu, güvenliğinin sağlanmış olduğuna inandığı bazı geçici durumlar dışında sürekli olarak benliğe egemendir. Kimi insanda kaygı birden ortaya çıkan panik nöbetleri biçiminde de yaşanabilir. Çarpıntı, soluk alma güçlüğü, aşırı terleme, bayılma duygusu ve baş dönmesi, yüz ve ellerde soğukluk ve soğuma, göğüs ve mide bölgelerinde yoğun bir ağırlık hissi ve en önemlisi, "ölüme yaklaşıyormuşçasına" bir duygu yaşanır. Aslında tanımlanması oldukça güç olan ve birkaç saniyeden birkaç saate kadar sürebilen bu duygu öyle ürkütücüdür ki, çevredeki insanların da paniğe kapılmasına neden olur.

Kaygı, kökenini bireyin çocukluk yaşantılarından alır. Bu yaşantılar çocuğun ana-babası ve öğretmenleri gibi yetişkinlerin yanı sıra yaşıtlarıyla olan ilişkilerini de içerir. Kaygı, çocuğun çevresinde kaygılı insanların varlığı ile gelişir. Bulaşıcı bir duygu olduğundan, kaygılı ve telaşlı bir annenin bakışları, ses tonu ve genel havası çocuğu etkisi altına alır. Anneden geçen kaygı sonucu çocuk, zihninde yeni bağlantılar kurarak çevresindeki bazı diğer kişiler ve durumlar karşısında da kaygı duymaya başlar ve bunlardan uzak durmayı öğrenir.

Reddedici ve küçük düşürücü tutumlar çocuğun kaygılı bir insan olarak gelişmesine katkıda bulunur. Çocukluğu izleyen ergenlik döneminde de ana-baba ya da diğer yetişkinlerin alaycı tutumları ergenin üzerinde yıkıcı etkiler yaratır. Çocuğun eğitiminde ceza yöntemleri hakça uygulandığında kaygıya neden olmaz. Ama ceza uygulamalarına ana-babanın kendi kaygıları ya da itici davranışları eşlik ederse çocuk da kaygılı bir insan olur. Çocuğu eğitmekten çok kendi öfkesini yaşayan ya da yıkıcı isteklerine doyum sağlamaya çalışan ana-baba, zaten çocuğu korkutmayı ve hırpalamayı amaçlamıştır. Üstelik anne, çocuğun altını kirletmesi ya da cinsel oyunlar gibi gelişim sürecinin doğal olaylarını tepkiyle karşılarsa çocukta yoğun kaygıların yerleşmesi kaçınılmaz bir sonuç olur.

Bazı ana-babalar, iyi niyetli olmalarına karşın, yine de çocuğun kaygı yaşamasına neden olabilecek davranışlarda bulunabilirler. Gerekli eğitim ve görenekten yoksun ve kişilikleri yeterince gelişmemiş ana-babaların birbirine karşıt düşen istekleri ve öğütleri çocuğun şaşkınlığa düşmesine ve kaygılar geliştirmesine neden olur. Çekişmelerini boşandıktan sonra da sürdüren çiftlerin çocukları için durum daha da karmaşıktır. Çocuğun ilk toplumsallaşma deneyimlerinde karşılaştığı güçlükler de kaygı duygularının yerleşmesine neden olabilir. Çocuk, kendi yaşıtlarıyla da baş edebilmek için bazı yöntemler geliştirmek zorundadır. Arkadaş ilişkilerinde karşılaştığı itici ve küçük düşürücü davranışlar, özellikle evde de benzer tepkilerle karşılaşıyorsa, çocukta yıkıcı izler bırakabilir.

Sözü edilen koşullarda yetişen bir çocukta düşman bir dünya içinde yaşamakta olduğu duygusu gelişir. Dış dünyadan kötülük beklentisi giderek çocuğun da çevresine karşı düşmanca duygular geliştirmesine neden olur ve daha önce ayrıntılı biçimde tartışılmış olan bu eğilimleri denetleme güçlükleri, kaygı duygusunun yaşanmasındaki en önemli etmen olarak varlığını sürdürür. Kaygılı insanın kendisini yeteneksiz ve yetersiz bulmasının gerisinde, düşmanca eğilimlerinden kaynaklanan kendini lanetleme duyguları bulunur. Yakın çevresindeki insanların da başına olumsuz olaylar geleceği biçiminde yaşadığı kaygılar ise dışadönük düşmanlığının maskelenmiş bir görüntüsü olduğu gibi, bağımlı olduğu insanlardan yoksun kalarak cezalandırılma beklentileri içerir ki, bunun gerisinde kişinin kendi suçluluk duyguları bulunur. Bir başka deyişle, kaygı sadist ve mazoşist eğilimlerin de eşlik ettiği bir duygudur. Kişiliğin bir bölümü diğer bölümüne eziyet ederek hem sadist hem de mazoşist eğilimlere doyum sağlanır.

Kaygı duygusuna son verebilmek oldukça güçtür. Örneğin bebek kaygısını ağlayarak dile getirir; bebeğin ağlaması esasen kaygılı olan annenin kaygısını daha da artıracağından bebeğin kaygıları azalacağına artar. Kaygının bir diğer özelliği de, kapsadığı alanın giderek genişlemesidir. Mantığa uymayan bağlantılar kurulması sonucu, çocukluk yaşantılarının izlenimleri yetişkin yaşamda da dış dünyaya yönelik olumsuz genellemelere yol açabilir. Örneğin, bir insan annesini reddedici biri olarak algılamışsa, bazı özellikleriyle onu anımsatan kadınların, hatta tüm kadınların kendisini reddedeceğinden korkabilir. Bir diğeri, babasını sert ve katı bir insan olarak algılamışsa ilerideki yaşamında karşılaştığı yönetici, öğretmen ve polis gibi otoriteyi temsil eden erkeklerden de benzer davranışları bekleyebilir. Dolayısıyla, çocukluk yıllarında oluşan genellemeler yetişkin insanın çevresini yanlış algılamasına ve ilişkilerinin bozulmasına neden olur. Aynı durum bir insanın kendisini değerlendirmesinde de söz konusu olabilir. Ana-baba ve çocuk ilişkilerindeki ödül ve ceza oranı, kişinin kendisini iyi ya da kötü olarak değerlendirmesinde yaşam boyu etkisini sürdürebilir.

Kaygı duygusunun yoğunluğu oranında davranışlar da aksar, algılama ve dikkat bozuklukları ortaya çıkar. Kaygılı kişi davranışlarını kaygı yaratan durumlardan kaçınmak amacıyla yönlendirdiğinden çevresindeki diğer seçenekleri algılayamaz. Bu durum yaşam alanının kısıtlanmasıyla sonuçlanır. Kişinin kaçındığı ve görmezden geldiği durumların sayısı arttıkça davranışları da kısırlaşır. Dolayısıyla kendisine doyum sağlayabilecek birçok kaynağı da değerlendirmemiş olur.

Kaygı duygusunu yaşamamak için geliştirilen kaçınma tepkileri çeşitli biçimlerde görülür: İlkinde, kişi kendisinde kaygı yaratan durumlardan uzak durmaya çalışır. Örneğin, bir insan çok iyi bildiği bir konuda bile kalabalık karşısında konuşmaktan kaçınabilir; konuşmaya başladığında sesinin titreyeceğinden ya da yüzünün kızaracağından korkabilir. Konuyu iyi bilmiş olması kaygısının giderilmesine yardımcı olamaz. Çünkü bir insanın entelektüel yönleri çok iyi geliştiği halde duygusal yönden olgunlaşmamış olabilir. Sahip olduğu bilgiler duygusal benliğiyle bütünleşmemiş olduğundan, kendisini yine de yetersiz bulur ve bu durumun kalabalık karşısında fark edileceği kaygısına kapılır. Bu kaygının gerisinde, çevresinde yarattığı olumlu izlenime karşılık kendi kendisini yetersiz görmesinden kaynaklanan çatışma bulunur.

Kaygı duygusundan kaçınmak için kullanılan bir diğer mekanizmada kişi, çevresinden ve kendi iç dünyasından kaynaklanan ve kaygı yaşanmasına neden olan durumları algılamamaya çalışır. Bu mekanizma bebeklerde uykuya sığınma biçiminde görülür. Yetişkin insanda ise bu, kaygı yaratabilecek nitelikteki düşünce ve duyguları, seçici bir biçimde bilincinden uzak tutma yoluyla gerçekleştirilir. Örneğin, insanlar vardır, yalnızlık ve mutsuzluklarına karşın her şey yolunda gidiyormuşçasına davranırlar ve mutlu olduklarına kendileri de inanırlar. Gerçek durumlarını kabul etmenin vereceği acıya katlanamaz, ama bunun karşılığını kendilerine yabancılaşarak ve sorunlarına çözüm getirebilmek için gerekli etkinliği gösterememekle öderler. Bir erkek hoşlandığı kadına gösterdiği ilgiye karşılık verilmediğini görmezden gelebilir; sevdiği insan tarafından terk edilen bir diğeri onun tekrar kendisine dönebileceği inancını sürdürerek reddedilmiş olmanın acısını hafifletmeye çalışabilir. Bazı insanlar ise kaygı duygusundan kaçınmak için alkol ya da uyuşturucu ilaçlar kullanırlar.

Yetişkin insanın kaygıdan kaçınmak için kullandığı bir diğer yöntem de, kaygı yaratabilecek duygusal tepkilerin yerine böyle bir etki yaratmayacak tepkiler verme biçiminde görülür. Çevresindeki bir erkekten çok hoşlanan genç kız, onu her gördüğünde ilgilenmiyormuşçasına tutumlar takınabilir. Böyle yapmakla çoğu kez hoşlandığı insanı kendisinden uzaklaştırmış olur. Ama ona göre böyle bir sonuç, reddedilmenin gururuna indireceği darbeden daha az acı vericidir. Bu nedenle, reddedilmeden reddetmeyi yeğler. Hoşlanmadığı bir insandan bir şey istemek zorunda kalan bir diğeri, durumun kendisinde yarattığı kaygıyı aşırı dost ve sevecen bir tutumla geçiştirmeye çalışabilir. Böylece, olumsuz duygularının tam karşıtı tepkiler geliştirerek bu eğilimlerini denetim altına almış olur.

Bu tür kaçınma tepkileri, bir insanın kaygılarının ilk bakışta dıştan gözlemlenebilmesini engelleyebilir. Gerçekten de sürekli tedirgin oldukları halde sakin bir insan izlenimi veren kişilerin sayısı oldukça fazladır. Ne var ki, bu insanlar belirli bir süre boyunca yakından izlendiklerinde kaçınma tepkilerini fark etmek pek de güç olmaz. Üstelik günümüzde pek çok sayıda insan, kaygılarını aşırı denetim altına almalarının bedelini psikosomatik hastalıklarla ödemektedirler. Mide ülseri, bağırsak spazmı, hipertansiyon, astım, bazı deri hastalıkları ve diğer birçok bedensel bozuklukların gerisinde doğrudan yaşanmayan duygular bulunur. Boşalım yolu bulamayan bu gerilimler ve kaygılar organlar aracılığıyla anlatım bulurlar.

Bazen insanın iç dünyasından kaynaklanan olumsuz duyguların yarattığı tedirginlik ve kaygı biçim değiştirerek belirli durumlara yönelik panik tepkileri biçiminde yaşanır. Örneğin kimi insan yüksek bir yere çıktığında yoğun bir panik yaşar. Kimi paniğinin nedenini anlayamaz, kimi ise bunun kendini aşağı atma korkusu olduğunu seçebilir. Böyle bir durumda düşmanca eğilimler kişinin kendine yönelmiş ve bilincinde olmadığı bir ölme isteği geliştirmiştir. Bu isteğin gerisinde suçluluk duyguları ve kendini cezalandırma eğilimi bulunur.

Kimi insan araba kullanırken yayaları ezeceği paniğine kapılabilir. Böyle bir durumda düşmanca eğilimler insanın kendi içinde ve dışa yöneltilmiş olarak yaşanır. Bazen ise kedi ya da köpek gibi belirli bir hayvanla karşılaşmak yoğun bir paniğin yaşanmasına neden olabilir. Burada düşmanca eğilimler insanın dışında ve kendine yönelik olarak yön değiştirmişlerdir. Kimi insan ise paniği kendi dışında ve başkalarına yönelik olarak yaşayabilir ve hiçbir neden yokken yakınlarından birinin öleceği korkusuna kapılabilir. Bu, insanın özellikle o yakınına karşı düşmanca duygular taşıdığı anlamına gelmez. Daha çok, suçluluk duygularıyla ilişkilidir ve bağımlı olduğu bu kişinin sevgi ve desteğinden yoksun bırakılarak cezalandırılma korkularını içerir.

Böylesine yaşanan kaygı, bir insanın gün boyunca sayısız üzüntü konusu bulması biçiminde yaşanan kaygıdan görünürde farklıdır. Kaygının bilinçaltına itilerek yalnızca belirli durumlarda yaşanması kaygıdan kaçınabilmeyi kolaylaştırır ve kişi kendisinde panik yaratan durumlardan uzak durarak korunmaya çalışır. Asansör bulunan bir binada merdivenle çıkmayı yeğleyen, sinema ya da tiyatroda mutlaka sıra kenarında oturan ya da kedisi olan dostlarının evine gidemeyen insanların sayısı hiç de az değildir. Ne var ki, kaygının belirli bir duruma karşı yaşanarak sınırlandırılması o insanın diğer zamanlarda rahat olabileceği anlamına gelmez. Kaygılarını fobik tepkiler biçiminde yaşayan çoğu insan, genellikle diğer zamanlarda da gergin ve tedirgindir. Başka bir deyişle, insanın iç dünyasında kapalı kalan duyguların yarattığı kaygıyı belirli bir duruma odaklaştırarak boşaltma biçiminde işleyen bilinçdışı mekanizma, kişinin yaşadığı tedirginliği tümden ortadan kaldırmaz.

Çoğu insan kaygılarının farkında değildir. Bu tür duygularının varlığını ancak kaygı içerikli bir düş gördüğünde ya da günlük yaşamı dışında kalan, örneğin önemli bir kişiyle görüşmeden önce yaşadığı kaygı gibi durumlarda fark edebilir. Kimindeyse kaygı benliğin öylesine sürekli bir parçası durumuna gelmiştir ki, bir başka türlü var olunabileceğini bilmediği için, yaşadığı tedirginliğin olağandışı bir durum olduğunu fark edemez bile. Her şeyin irade gücüyle çözülebileceğine inanmış aşırı mantıklı kişilerin de bu davranışlarının altında var olan kaygılarını görebilmeleri ve kabul edebilmeleri oldukça güçtür.

Kimi insan içsel kökenli kaygılarını belirli bir davranış alanında, örneğin karşı cinsle olan duygusal ya da cinsel ilişkilerinde yaşar. İlişkileri sürdürememek, sürekli yeni ilişkiler aramak, erkekte iktidarsızlık ve kadında orgazm olma güçlüğü, kaygının bu alanda yaşanmakta olduğunun belirtileridir.

İnsanlar vardır, duvardaki tablo biraz çarpık dursa düzeltmeden edemez, otomobillerin plaka numaralarını izler ya da aynı anda birden fazla mektubu postaya verirse mektupları yanlış zarflara koyduğu kuşkusuna kapılırlar. Baskıcı ve cezalandırıcı bir ortamda yetişmiş olan bu tür kişiler gerçek benliklerine o denli yabancılaşmışlardır ki, derinlerde saklı olan kızgınlıklarını ancak bu yoldan denetim altında tutabilirler. Çarpık duran tablo o insanın gerçek benliğini ve bu benliğin suçluluk duygusu uyandıran eğilimlerini yansıtır. Tabloyu düzeltmek ise vicdanına, toplum normlarına ve vaktiyle ana-babası tarafından zihnine işlenmiş olan değer yargılarına boyun eğmeyi simgeler. Çarpık duran tablo dışarıya fışkırmak isteyen gerçek benliğini kışkırtıcı bir uyaran olduğundan, kişi farkına vardığı çarpıklığı düzeltmeden rahat edemez. Böyle durumlarda, kişiliğin kuralcı ve yargılayıcı bölümü, içinden geldiğince davranmak isteyen diğer bölümünü sürekli tehdit altında tutar.

Kişinin bilincinde olmadığı bu tür mekanizmalar da kaygıyı tümden ortadan kaldırmadığı gibi, bu kez farklı türde kaygıların yaşanmasına neden olur. İnsanın gerçek duygusal dünyasından kopması sonucu ortaya çıkan boşluk, kendisine de yabancı gelen ve engelleyemediği, saçma ve gereksiz birtakım fikirlerin zihnine üşüşmesine neden olabilir. "Ya sokağa attığım portakal kabuğunun üzerine birisi basıp kayar ve başını taşa çarpıp ölürse!", "Ya az önce imzaladığım yazının üzerinde işlemediğim suçları içeren bir itirafname yazılı idiyse!" biçiminde, saçmalığını kendisinin de kabul ettiği düşünceler kişinin zihnini onu yorgun düşürene dek işgal eder. Bu düşünceler, gerçek bir olayın sonuçlarının olumsuz olabileceği biçiminde doğrudan yaşanan kaygıdan farklı olmakla birlikte, dolaylı olarak yine de kaygı yaşanmasına neden olurlar. Kendisi ve bazen de çok yakınındaki birkaç kişi dışındaki çevresi bu düşüncelerden haberdar olmadığı için, böyle biri dıştan bakışta sakin bir insan olarak algılanabilir. Ancak yakından izlendiğinde kendi kişiliği içindeki sadist-mazoşist öğelerin dış dünyadaki ilişkilerine de yansıdığı gözlemlenebilir. Bu tür insanlar genellikle kendilerinden güçlü olana karşı boyun eğici ve saygılı, kendilerinden zayıf olana karşı ise katı ve cezalandırıcı bir tutum içindedirler. İnsanlara ulaşabilme umudunu yitiren bazı kişilerde ise kaygı dış dünya olayları yerine iç organlara yöneltilir. Önceki dönemlerinde de kaygılar yaşamakta olan böyle biri sürekli kendi sağlık durumuyla ilgilenmeye ve çeşitli hastalık belirtilerinden yakınmaya başlar. Bu yakınmalar bedenin bir bölgesinden diğerine erişebilir. Ciddi bir hastalığı olduğuna dair kesin bir inanç geliştirmiş olan bu kişilerin iyileşme umudu da yoktur, ama amansız bir hastalığa yakalanan bir insanın kaygılarını da yaşamazlar; kimi, sürekli bir hekimden diğerine dolaşır, kimi ise kendi hastalığını tanımlamış olarak hekime başvurur; ancak tıp bilgisi noksan olduğundan vardığı sonuçlar mantıkdışı olur. İç organlara yönelik, bir dayanaktan yoksun bu düşünceler genellikle kırk ya da elli yaşlarında başlar. O güne dek düşlerini ve beklentilerini gerçekleştirememiş olan kişi, gelecek için de bir umudu olamayacağı düşüncesine kapılır ve dış dünyadan kopma sonucu, düşmanca eğilimler iç organlara yöneltilir.

Hangi biçimde yaşanırsa yaşansın kaygı ve buna eşlik eden çaresizlik duyguları, günlük yaşamın sorumluluklarını üstlenebilmek için gerekli beceriyi geliştirememiş ve gerçek benliğine yabancılaşmış olmanın belirtileridir. Bu becerilerden yoksun bir insan hazırlıklı olmadığı yarışmalı bir dünya içinde kendini güvensiz ve yetersiz hisseder. Esasen çocukluk yıllarından bu yana var olan hafif ve sürekli kaygılar, günlük yaşamda ortaya çıkan yeni durumların yarattığı ek zorlanmalar karşısında yoğunlaşabilir. Kaygılı insan genellikle çevresindekileri de bıktırdığı için aradığı sevgi ve destekten de yoksun kalır. Bu ise çaresizliğinin ve esasen denetiminde güçlük çektiği olumsuz duygularının daha da pekiştirilmesine neden olur. Zaman zaman yaşadığı bazı olaylarda insanları gereğince sevemediğini fark edebilirse de bunu görmüş olmanın yarattığı suçluluk ve insanları yitirme paniği bu gerçeği hızla bilincinden uzaklaştırmasına neden olur ya da insanları sevememesini haklı gösterecek gerekçeler bulur.

Bir insanın kaygılarından kurtulabilmesi için tek yol, kendi varoluş sorumluluğunu üstlenebilmesidir. Bu sorumluluk gereğinde başka insanların desteği ve yardımını alabilmeyi de içerir. Ne var ki, çaresizlik duygularından kaynaklanan aşırı bağımlılık eğilimleri ve bunun sonucu oluşan kızgınlık, kaygılı insanın kendisine verilen desteği değerlendirebilmesini güçleştirir. Bir başka deyişle, kaygılı insan vermeyi de almayı da beceremez. Verilenle yetinmeyip tüm sorumluluğunun çevresindeki insanlar tarafından üstlenilmesini bekleyebilir. Bir insana yaklaşabileceğini fark ettiğinde, çocuksu bir bağımlılığı ve çaresizliği yaşamaya başlayabilir. Bazen ise tam karşıtı bir tepki oluşur. Artan çaresizliği ve bağımlılığı, diğer insanların benliğine mal olarak yok olma kaygılarının yaşanmasına neden olabilir. Bu kez seçilen yol, diğer insanlar tarafından yutulmamak için bağımlılık eğilimlerinin ve çaresizlik duygularının tümden yadsınması olur. Böyle bir insan verileni almamakta direnir.

Sürekli konu edilen "kendi sorumluluğunu üstlenme" kavramına açıklık getirmeden önce, insanların bundan kaçınmak için başvurdukları bazı diğer yolları da ayrıntılı bir biçimde tartışmayı gerekli görüyoruz.

Sorumluluktan Kaçış

SORUMLULUK denince çoğu insanın aklına, ailesi, çalıştığı kurum ve dostlarına karşı "görevleri" gelir, ama kişinin kendisine karşı görevi olan "iyi yaşama sorumluluğu"ndan pek söz edilmez. Başkalarına karşı sorumluluklarımız olduğu kaçınılmaz bir gerçek olmakla birlikte, bazen bunu kendimize karşı sorumluluklarımızı görmezden gelmek için kullanmak da sorumsuzluktur.

"Önce kendine, sonra başkalarına" ilkesi ilk bakışta bencilce bir yaklaşım olarak değerlendirilebilir. Ne var ki, bir insan ancak kendisine verebildiğinde diğer insanlara da "gerçek anlamda" verecek şeyi olur. Örneğin çocuk, ihtiyaçlarını bir görev yaparcasına karşılayan ana-babadan çok, kendisini dürüstçe "yaşama" ve yaşama doğrudan "katılma" yürekliliği gösterebilen bir ana-babayı yeğler. Çünkü yaşayan ve ona nasıl yaşanabileceği konusunda örnek olabilecek bir modele ihtiyacı vardır. Buna karşılık, kendi yaşama sorumluluğunu üstlenemeyen ve yaşama katılacağı yerde diğer insanları seyrederek eleştiren ana-babalar, ellerinde olmadan çocuklarının da kendilerini yaşamalarını engellerler. Nasıl yaşanacağını bilemeyen ana-babaların çocuklarına verdikleri öğütler ve uyguladıkları kurallar çocuğun ilerki yaşamı için gerekli olan rehberliği sağlayacak nitelikte olamaz. Buna karşılık iniş ve çıkışlarıyla yaşamı olduğu gibi kabul edebilen, duygusal tepkilerini gizlemeyen ve çevresindeki olaylara yüreklice katılabilen ana-babaların çocukları, yaşama etkin bir biçimde katılmayı ürkütücü bir durum olarak algılamazlar.

Kendisini ortadan silercesine özveride bulunan insana, neden diğer insanlar kendisinden daha değerliymişçesine davrandığı sorulduğunda doyurucu bir yanıt alınamaz. Çünkü kendisine hiç bu açıdan bakmamış ve böylesi bir tutumun kendisine değer vermeme anlamına da gelebileceğini düşünmemiştir. Ayrıca, bir insanın kendisine değer vermesinin aslında kendine karşı bir sorumluluğu olduğunun ve bu sorumluluğu üstlenmemek için yakınındaki kişileri kullandığının farkında da değildir.

İnsanın kendi sorumluluğunu üstlenmesi, bir başka insanın sorumluluğunu üstlenmesinden çok daha güçtür. Birinden kendimiz için bir şey istemekle bir diğer insan adına istemde bulunmak farklı yaşanan olgulardır; çünkü riskleri de farklıdır. İnsanın başkalarının sorumluluğunu üstlenerek kendine karşı olan sorumluluklarını görmezden gelmesi çoğu kez çocukluk yıllarında öğrenilmiş kusurlu bir davranıştır. Kaprisleri ve aşırı beklentileriyle çocuklarını şaşkına çeviren ana-babalar, yaşadıkları suçluluğu ödünlemek için ne denli özverili insanlar oldukları konusunda çocuğun adeta beynini yıkarlar. Mutsuz bir evlilik sürdürmüş olmasının sorumluluğunu çocuğun üzerine yıkmaya çalışan ana ya da babaların sayısı da az değildir. Böylesi koşullarda yetişen insan, sonraki yaşamında ana-babasınınkine benzer tutumlar gösterebilir. Oysa, "O bensiz yapamaz!" sözü aslında, "Ben onsuz yapamam!" gerçeğinin saptırılmasından başka bir şey değildir. Yaşamasını beceremeyen bir insanın bunun sorumlusu olarak yakınlarını göstermesi ise kabul edilebilir bir gerekçe olamaz.

"Eğer babam böyle olmasaydı..." gibi geçmişe dönük, ya da "Eğer kocam şöyle olmasaydı..." gibi yaşanan zamana ilişkin sorumluluktan kaçış senaryoları sık sık kullanılsa da kişinin kendisine karşı duyduğu suçluluk duygularını tümden ortadan kaldıramaz. "Böyle olaylar hep beni bulur!", ya da "Gördünüz mü, yine başıma neler geldi!" sözleriyle alınyazısı ve kötü talih kavramları sorumluluklarımızı görmemek için sık sık kullanılan gerekçelerdir. Arada bir gerçekten kendi dışımızda oluşan nedenlerden ötürü zorlanabilirsek de bunların sayısı kendi ürettiğimiz sorunlara oranla çok azdır. "Yine başımıza neler geldi!" yerine, "Ne yaptım da başıma bu olayı getirttim!" biçiminde düşünerek kendimize farklı bir açıdan bakmaya başladığımızda bu gerçeği görebilmek pek de güç olmaz.

Ancak burada bir gerçeği de hatırlatmakta yarar olabilir: Bazı insanlar yukarıda tanımlananın tam karşıtı tutumlar geliştirir, her şeyden kendilerini sorumlu tutarak suçluluk duyguları içinde yoğrulma eğilimi gösterebilirler ki bu da sorumsuzluktur. Yapılması gerekeni yapmak yerine, sürekli kendini lanetlemek de bir uyuşturucu olarak kullanılabilir.

Bu tür tutumlarda içinde yaşadığımız kültürün de payı önemlidir. Ancak bir dolmuş kasetinde "Tanrım beni baştan yarat, kaderimi baştan yaz!" şarkısını söyleyen kadının haykırışı toplumun değer yargılarını yansıtsa da, geleneksellikten çağdaş olmaya zorlanan bir toplumun ve bireylerinin sorunlarına çözüm getiremez. Yüzyıllar boyu kahır ve üzüntüden doyum sağlamayı bir yaşam biçimi olarak benimseyip bunu türkülerine, şarkılarına ve edebiyatına yansıtmış olan bir toplumun bireyleri, çağdaş dünyanın farklı beklentilerinin kendilerini uyanmaya ve etkin olmaya zorlamasını kızgınlıkla karşılayabilirler. Ama bir diğer bölümde de belirtilmiş olduğu gibi, sürekli kızgınlıkla yaşamak da bir tür uyuşturucudur. İnsanı hiçbir yere götürmez.

Bir insan yaşamı süresince gerçekten baş edemeyeceği koşullar sonucu ve kendi istemi dışında bazı olumsuz durumlar içine sürüklenmiş olabilir. Bunun sonucu, potansiyelinin çok altında bir düzeyde yaşamını sürdürebilir, kendisinden nefret edebilir, gerçek çıkarlarına ters düşen çözüm yollarına başvurabilir ve yoğun yalnızlık duyguları yaşayabilir. Böyle durumlarda yaşanan gerçek acı, insanın kendi sorumluluğundan kaçmak için kullandığı kahır ve üzüntüden farklıdır.

İnsanın kendisinden kaçabilmesini sağlayan ve yaşamını sürdürebilmesi için zorunlu olan uyuşturucu bir madde gibi kullanılan üzüntü ve umutsuzluk, çevredeki insanlara istediklerini kabul ettirebilmek için de kullanılabilir. Kültürümüzde esasen var olan, mağdur ve zavallı kişiyle özdeşleşme eğilimleri de durumun sürekli pekiştirilmesine neden olur. Üstelik üzüntüye gömülmüş olma yenilgiye katlanmayı da kolaylaştırır.

Kahır ve üzüntü, insanın kendi varoluş alanını daraltabilmesini ve dolayısıyla sorumluluklarını azaltabilmesini sağlar. Böyle bir insan, bir yandan kendini ezdirirken, öte yandan bu nedenle çevresini suçlar. Tüm davranışları acılarının çevresinde örgütlenmiştir. Bu duyguların içinde kendi benliğini yitirdikçe, çevresindeki insanların kendisine layık olduğu şeyleri vermedikleri yakınmaları da artar. Böyle biri için mutlu bir olay ve iyimserlik ürkütücüdür. Çünkü bu duyguların insanı nereye götürebileceği belirsizdir. Oysa acının sınırları bellidir ve diğer insanlarla ilişkinin sürdürülebilmesini sağlar.

Varoluş sorumluluğundan kaçış mekanizmalarından biri de sürekli bedensel yorgunluk biçiminde görülür. Bu tür kişiler aslında fazla çalışmazlar ve durum bedensel bir yorgunluk belirtisi olmaktan çok ruhsal kökenlidir. Bir başka deyişle, bilinçdışında işleyen bu mekanizma sonucu kişi kendisini gerçekten de yorgun hisseder. Bedensel yorgunluktan farklı olarak bu tür yorgunluklar dinlenmekle de geçmez. Sabah güne başlarken de yorgundur, günlük olağan işleri yapmak bile ona zor gelir, ortalama insanın enerji ve canlılığından yoksundur ve çoğu kez işlerini tamamlayamaz; yorgunluğunu gidermek için fırsat buldukça dinlenir ya da uyur, ama uyandığında yine yorgundur.

Bu insanları çevrenizde sık sık görürsünüz. Gün boyunca, "Hiç halim yok!" sözleri ya da "ah!", "of!" iniltileri ile dolaşırlar. Özellikle bazı ev kadınlarında "günlük gaile"den sürekli yakınma oldukça sık gözlemlenir. Ama gaile olarak nitelendirdikleri, genellikle evin genel bakımı ya da günlük alışverişten başka bir şey değildir. Bu tür yakınmalar, çevresinin o kişiden fazla sorumluluk beklemesini engellemiş olur. Üstelik bazen çevresindeki insanların ilgi ve sempatisinin kazanılmasını sağlayabilirse de genellikle bu pek uzun sürmez ve bir süre sonra onları bıktırır. Öte yandan bu insanlar yakınmalarıyla çevrelerindeki kişilerde suçluluk duyguları yaratarak onları egemenlikleri altına alabilir ve isteklerine boyun eğdirebilirler. Kendisini yordukları için çocuklarını suçlayan anneler, kendisine fazla iş yüklendiği için "sürmenaj" olduğundan yakınan görevliler, böyle durumların sık rastlanan örnekleri arasında sayılabilir.

Bu tür yorgunluk belirtileri sabahtan akşama doğru giderek yoğunlaşırsa da akşam saatlerinde günlük sorumlulukların sona ermesiyle oldukça hafifler. Eğer kişi hoşlandığı bir yaşantı içindeyse ya da akşam iyi vakit geçirebileceği bir yere gidiyorsa yorgunluk belirtileri tümden ortadan kalkabilir.

Psikolojik kökenli yorgunluk belirtileri, çocukluk yıllarında çevresinden gerekli desteği bulamamış ya da aşırı korunmuş olduğu için yetişkin yaşam için gerekli yetenekleri geliştirememiş insanlarda görülür. Bu kişilerin kendilerine güveni yoktur, diğer insanlarca olağan karşılanan zorlanmalar karşısında kendilerini yetersiz hissederler. Yakın çevrelerine aşırı bağımlı olmaları sonucu geliştirdikleri olumsuz duyguları baskı altında tutmaya çalışırlarsa da çoğu kez bunu başaramadıklarından ilişkileri sık sık bozulur. Bu durumun yarattığı yalnızlık ve sevgisizlik ise yorgunluk belirtilerini pekiştirdiğinden giderek bir kısırdöngü oluşur.

Bazı insanlar ise gerçekten çok çalıştıkları için yorgundurlar. Ancak bu insanların kendi sorumluluklarından kaçmak için kullandıkları bilinçdışı mekanizma yorgunluk değil, çalışma tutkusudur. İlk bakışta böyle bir tanımlama da yadırganabilir. Çünkü toplumun genel değer yargılarına göre, çok çalışan bir insan sorumluluk duygusu gelişmiş biridir. Bir insanın işini benimsemesi ve görevlerine özen göstermesi onun kendine karşı olan sorumluluğunun doğal bir parçasıdır. Ama eğer bir insan her gece evine iş götürüyorsa, hafta sonları da çalışma yerine uğramadan edemiyorsa, tatil günlerinde de evinde kendisine iş üretiyorsa ya da çalışma saatleri dışında da sürekli işinden söz ediyorsa, o zaman durum farklılaşır ve kişinin çalışma yaşamı kendisine karşı olan sorumluluklarından kaçmak için kullandığı bir uyuşturucu durumuna gelir.

Çalışma tutkusu olan insanlar kendilerine sahip çıkamaz, davranışlarını gerçek isteklerine göre yönlendiremez ve işleri tarafından yönetilirler. Bazıları yaşamayı öylesine öğrenememişlerdir ki, hafta sonu geldiğinde bunalıma girerler. Kimi ise çalışma saatleri dışında alkole başvurarak içine düştüğü boşluktan kurtulmaya çabalar. İlginç olan bir yön de çalışma tutkusu olan insanların işlerinde diğer insanlara oranla daha az etkin olmalarıdır. Bunun bir nedeni de bu insanların gerçekte yapılması gerekenden çok, kendi ürettikleri gereksiz ayrıntılarla uğraşmaları ve enerjilerinin çoğunu işlerine ilişkin yaşadıkları kaygı ve telaşla tüketmeleridir. Genellikle yaratıcılıktan ve esneklikten yoksun olduklarından, onca çabalarına karşın çoğu kez bulundukları görevin en üst düzeylerine kadar yükselemezler.

Sık kullanılan kaçış mekanizmalarından biri de kişinin sorumluluklarını kendisi dışındaki kişilere ya da durumlara aitmiş gibi algılaması biçiminde görülür. Günlük yaşamda bu tür tepkileri herkes zaman zaman gösterebilirse de bazı insanlarda süreklilik kazanmıştır. Bu insanlar kendi davranışlarının sonucunda ortaya çıkan olumsuz durumların başka insanlardan ve durumlardan kaynaklandığını savunurlar. Sınavında başarısız olan bir öğrenci, durumu, soruların anlaşılabilir olmaması ya da öğretmenin hakça davranmamasıyla açıklayabilir; bir dostuyla arası açılan bir diğeri, durumun tüm sorumluluğunu karşı tarafın davranışlarında arayabilir. Bu tür durumlar özellikle karı-koca ilişkilerinde sık yaşanır. Anlaşmazlıkların, mutsuzlukların ya da çocuklarında ortaya çıkan davranış bozukluklarının ve okuldaki başarısızlıklarının sorumluluğunu biri diğerine yükler. Her biri kendisine ait olan sorumluluk payını görmezden geldikçe de sorunlara çözüm getirilemez ve karşılıklı suçlamalar bir uyuşturucu gibi kullanılır.

Benzer kaçınma davranışlarına çalışma yaşamında da rastlanır. Bulunduğu görevin gerektirdiği karar verme sorumluluklarını üstlenemeyen kişiler –ki bu da bir insanın kendine karşı olan sorumluluğunun bir parçasıdır– karar verme sorumluluğunu bürokratik süreçlere bırakma eğilimi gösterirler. Böyle kişiler bir türlü karar veremedikleri için, yapılması gereken işi süründürmede bırakır ya da konuya ilişkin kurallarda bulup çıkardıkları bazı ayrıntıları konunun esası gibi algılayarak yapılacak işi engeller ve böylece sorumluluktan kurtulmaya çalışırlar. Bu gibi tutumlar üstü kapalı sadist-mazoşist öğeleri de içerir. Bu tür kişiler kendilerine karşı mazoşist, kendilerine başvuranlara karşı sadist davranışlar gösterirler. Katı ve kuralcı tutumları nedeniyle, ancak bir üst otorite tarafından onaylanacağı kesin olarak bilinen kararları verebilirler. Gerçekte kendi sorumluluk sınırları içinde olan sorunların bir bölümü ise bir üst düzeydeki görevliler tarafından çözümlenir. Bu, özerk bir varlık olmayı öğrenememiş olmanın göstergesidir.

Sorumluluktan kaçış amacıyla kullanılan bir diğer bilinçdışı mekanizma ise kendini ortadan silme biçiminde görülür. Aşırı bağımlılık genellikle bu duruma eşlik eder. Bu mekanizmada kişi, bir diğer insanı yaşamının merkezi ve varoluşunun tek anlamı durumuna getirerek kendisine yabancılaşır ve varoluş alanlarını daraltır. Böyle biri başka bir insanın isteklerini kendi isteklerinin yerine koyarak benliğinden uzaklaşır ve kendine karşı sorumluluklarını görmezden gelir. Bu gibi durumlar bazı kadın-erkek ilişkilerinde ya da anne ya da baba-yetişkin evlat beraberliklerinde daha sık görülür. Mazoşizm, bu olgunun ayrılmaz bir parçasıdır. Bu insanlar çevrelerindeki diğer kişilere karşı da benzer tutumlar gösterirler. Kendilerini ortaya koymadıkları için çevreleri tarafından ezilirler ve sömürüye açıktırlar. Kendini ezdirme eğilimi bazen cinsel bir nitelik kazanabilir ve çeşitli cinsel davranış sapmalarına dönüşebilir.

Bir insanın kendisini yaşayabilme sorumluluğundan kaçmak için kullandığı yöntemlerden biri de içine kapanma ve yaşamla ilişkileri en aza indirme biçiminde görülür. Bazen bunun tam karşıtı bir tutumla kişi, diğer insanlara karşı sürekli bir savaş durumuna girerek çevresinde yarattığı kargaşanın içinde kendi içsel çatışmalarından uzaklaşmaya çalışır. Bazı insanlar ise bireyleşmekten vazgeçerek derinlikten yoksun bir yaşam sürdürürler. Böyle bir kişi, toplum kurallarına ve inançlarına sarılarak kendisinden kaçmaya çalışır ve toplumun uzantısı olan bir robot durumuna gelir. Bu tür insanlar kendilerini yaşamama karşılığında çevreden saygı görürler. Toplum değerleri geçerli olduğu sürece onlar da geçerlidir. Ama için için kendilerini değersiz bulurlar. Eğer özdeşleştikleri toplumda bir değişim olursa çevrelerindeki olayların kurbanı olabilir ya da toplum bir karışıklık döneminden geçiyorsa şaşkınlığa düşebilirler.

Kimi insan ise günün zevk ve eğlence modalarını sürekli deneyerek gerçek benliğinden kaçmaya çalışır. Akşam olduğunda evinde oturamayan ve mutlaka kendisini unutabileceği bir ortama sığınma gereğini duyan insanlar vardır. Kimi sürekli kahvehanede ya da gece kulüplerindedir, kimi meyhanede, kimi ise kumar masasında. Anlamsızlıktan ve boşluktan bunalan bazı ev kadınları için kumar gün boyunca kullanılan bir uyuşturucu durumuna gelebilir. Gerçek yaşamda kazanılamayan zaferin kumar masasında elde edilebileceği umudu buna eşlik eder. Alkol ya da uyuşturucu madde tutkusu ise bu tür durumların uç örnekleridir.

Toplumumuzun özellikle aydın kesiminde görülen bir diğer kaçış mekanizması ise duygu, sezgi ve duyarlık gibi içsel yaşantıların yerini düşüncenin almasıdır. Yaşamak, yaşantı üretmeyi, yaşama katılmayı, yorum yapmak yerine duygusal tepkiler verebilmeyi ve içsel yaşantılarımızı algılamaya çalışarak o doğrultuda hareket edebilmeyi içerir. Ama bu, düşünmeden yaşamak anlamına da gelmez. Çünkü ancak ilkel toplumların üyeleri, olgunlaşmamış yetişkinler ve çocuklar düşünce ve mantığı gereğince kullanamazlar. Yoksa düşünce, benliğimizin ayrılmaz bir parçasıdır. Ama Batı toplumlarında düşünce ve mantığa verilen önemin giderek abartılmış olması, bu gelişmelerin insanı kendisine yabancılaştırmakta mı olduğu sorusunun ortaya atılmasına ve İkinci Dünya Savaşı'ndan bu yana karşıt bazı tepkilerin oluşmasına neden olmuştur.

Çevremizde, yaşayacağı yerde nasıl yaşanması gerektiğini sürekli tartışan insanların sayısı hiç de az değildir. Ama gün boyunca yalnızca tartışan bir insan ne yaşamış, kendine ve çevresine ne katmış olabilir ki? Üstelik ülkemizde böylesi tartışmalar bir dönemde politik bir içerik de kazanarak adeta toplumsal bir kitle histerisine dönüşmüştür. Kuşkusuz, bazen yaşadığımız bazı olaylardan çıkardığımız sonuçlar bilgiye dönüşür, bazen ise edindiğimiz bazı bilgileri sonradan yaşantıya dönüştürürüz. Ama genelde, yaşantıya dönüşmemiş bilgi gerçek bilgi değildir. Ya da Konfüçyüs'ün deyişiyle, "Bilmek uygulamaktır!"

Yapıcı ve yaratıcı düşünce yeni yaşantılara açılmanın hazırlığıdır. Eleştirici düşünce ise geçmişte yapılmış hataları yinelememeyi sağlar. Oysa günümüzde pek çok insan soyut kavramlar içinde kendilerini yitirerek gerçek benlikleriyle yüzleşmekten kaçınmaya çalışmaktadır. Duygusal yakınlıktan ürken bu kişiler, incinme olasılığını azaltmak için düşünce aracılığıyla ilişkiye geçerler.

Bir düşünce tartışmasının üstesinden gelememek, duygusal bir yaşantı sonucu zedelenmekten daha az acı verir. Üstelik, mantık ve yorumlama öznel bir biçimde kullanılabilir. Çünkü bir olaya nasıl bakarsak bize öyle görünür. Bu nedenle, yaşanan olaylara ilişkin gerçek duyguları seçerek gerekli tepkileri vermek yerine, olayları yorumlama ve bazen de yargılama yolu yeğlenir. Aslında bunu herkes arada bir yaparsa da, süreklilik kazandığı zaman insanın kendisine giderek yabancılaşmasına neden olur. Düşüncelerine karşı beğeni geliştirdiğimiz bazı kişilerin olgunlaşmamış davranışlar göstererek bizi düş kırıklığına uğratmalarının gerisindeki neden de budur.

Aslında insanın bireyleşmekten ve kendi sorumluluğunu üstlenmekten kaçınmasını toplumsal etmenler de pekiştirmektedir. Toplum mağdur kahramanları ödüllendirdiğinden kahır ve üzüntü de sempatiyle karşılanır, kendisini fazla ortaya koymayan kişileri onayladığından kendini ortadan silme tepkileri bazı dolaylı avantajlar sağlar; edinilen bazı bilgilerin ustaca sergilenmesi, insanlara gerçekten bir şeyler katıp katmadığına bakılmaksızın beğeni toplar. Bir diğer deyişle, insanların kendilerini yaşama sorumluluğunu üstlenmemek için geliştirdikleri mekanizmalar iyi pazarlandığında bireyin toplum gözündeki değerini bile artırabilir ki bu da toplumun kendi sağlıksızlığının bir göstergesidir.

Öyle zaman olur ki, sorumluluğumuzun bir başkası tarafından üstlenilmesini isteriz. Bazen ise bir diğer insanın sorumluluğunu üstlenmemiz gerekir. Bir başka deyişle, arada bir çocuk olur ya da çocuk olma ihtiyacında olan bir yakınımızın ana ya da babası oluruz. Dengeli bir biçimde olmak koşuluyla bu tür dayanışmalar yaşamın doğal bir parçasıdır. Çünkü aslında kimse kendi kendine yeterli olamaz. İnsanlara gereğinde "Hayır!" diyebilmek ve bundan ötürü suçlanmamak kadar, onlardan bir şeyler isteyebilmek ve beklentilerimizi hissettirebilmek de kendimize karşı sorumluluğumuzun bir parçasıdır. İnsanlara verebilmek de öyle.

İnsanlardan neler bekleyebileceğimiz ve onlara nasıl verebileceğimiz konusu bir başka bölümde ele alınacağından burada ayrıntılarına girmiyoruz. Ancak bir gerçeği burada bir kez daha vurgulamayı da gerekli görüyoruz: Bir insanın kendisine karşı sorumluluklarıyla başkalarına karşı sorumlulukları iç içe geçmiş tek bir olgudur, birbirinden soyutlanamaz.

Çocukluk dönemlerinde sürekli yönetilmiş ya da gerekli rehberlikten yoksun bırakılmış kişiler, kendi seçimleriyle değil, tehditle güdülenirler. Burada tehdit sözcüğüyle anlatılmak istenen gerçek bir tehlikenin yaklaşmasından çok, bir insanın yapması gereken işleri son dakikaya bırakması gibi örneklerdir. Toplumumuz bireylerinde oldukça yaygın bir biçimde görülen bir olgu da, kendi zamanının yönetim sorumluluğunu üstlenmeyi öğrenememiş olmaktır. Ne var ki, eyleme geçmeyi ertelerken organizmanın harcadığı enerji, o eylemi gerçekleştirerek harcayacağı enerjiden çok daha fazla olduğu gibi, kişinin kendine saygısının azalmasına da neden olur. Çünkü en sonunda eyleme geçmek "zorunda" kaldığımızda bu artık kendi seçimimiz olamaz. Kendi seçimimizin dışında sürüklenmiş olmanın bedeli ise mutsuzlukla ödenir. Hepimizin içinde var olan "tembel"e de fırsat tanımalıyız, ama zamanını iyi seçerek. Bazı durumlarda ise eyleme geçmekten tümden vazgeçer, "Yapamam ki!", "Beceremem ki!" gibi gerekçeleri kullanırız. Oysa, bir şeyi denemeden beceremeyeceğimizi nasıl bilebiliriz. Yenilgiyle yüzleşme korkusuna tutsak olmak ise daha büyük bir yenilgidir. Üstelik, "Yapamam ki!" gerekçesiyle gerçekleştirmekten kaçındığımız davranışların çoğu aslında yapmak istediklerimizdir. Yapmak istemediklerimiz zaten aklımıza gelmez.

İnsan bir zaman tüketicisidir. Üstelik bize ayrılan bu zaman oldukça sınırlıdır da. Ama yine de çoğumuz yapmak istediklerimizi sonsuza dek zamanımız varmışçasına erteleriz. Yaşamımız boyunca yitirdiğimiz bazı şeyleri yeniden elde edebilir ya da yerine başka şeyler koyabiliriz. Ama tükettiğimiz zamanı asla!

Daha önce de belirtildiği gibi, insanın kendisine karşı sorumluluğu ile diğer insanlara karşı sorumlulukları birbirinden soyutlanamayan olgulardır. İlişki sorumluluğu, diğer insanlara karşı görevlerimizi biçimsel olarak yerine getirmekten farklı bir kavramdır ve bunu öğrenememiş olmanın bedeli içsel yalnızlıkla ödenir. Bu nedenle bir sonraki bölümde yalnızlık olgusunu ve bunun bazı sonuçlarını tartışmakta yarar görüyoruz.

Yalnızlık

YALNIZLIK konusuna açıklık getirebilmek, kavramın karmaşıklığı nedeniyle bazı güçlükleri de birlikte getirir. Her şeyden önce, yalnızlık öylesine acı veren ve ürkütücü bir duygudur ki, insanlar bu duyguyla yüzleşmemek için her türlü çabayı gösterirler. O denli ki, psikiyatristlerin bile konuyu gereğince işlemiş olduğu söylenemez. Üstelik, bir insanın tek başına yaşaması biçimindeki somut yalnızlık, kendi toplum grubuna yabancılaşma biçiminde yaşanan yalnızlık, çevresi tarafından itilme sonucu yaşanan yalnızlık, bir insanın çevresiyle ilişkilerini en aza indirerek kendi seçimi ile yaşadığı yalnızlık ve insanın kendisini anlaşılmamış ve kimsesiz hissettiği gerçek yalnızlık gibi birbirinden çok farklı yaşantıların tümü "yalnızlık" sözcüğüyle dile getirilir.

Çevresiyle uyumunun bozulduğu bu tür yalnızlık yaşantılarına karşıt olarak, bir insanın kendi seçimiyle ve "geçici" olarak yalnızlığa çekilmesi ise çoğu kez yapıcı ve yaratıcı sonuçlar doğurur. Yaratıcı insanlar yapıtlarını ya da buluşlarını ancak böylesi yapıcı bir yalnızlık süresinde ortaya çıkarabilirler. Bir başka deyişle, yaratıcı kişi, gerektiğinde yalnız kalabilmekten korkmayan insandır. Yaratıcı insan ancak yalnız kalabildiği zaman içsel dünyasının zenginliklerine inebilir ve bunları sonradan, müzik, görsel sanatlar, edebiyat ya da bilimsel ve teknolojik buluşlar olarak bize ulaştırabilir. Bundan ötürü, gerçek anlamda yaratıcı bir insan yaratıcılık sürecini yaşarken kendisini yalnız hissetmez; yaratmakta olduğu ürünün diğer insanlar tarafından anlaşılabileceği ve kabul edilebileceği umudunu taşıdığından, aslında yalnız değildir.

Ne var ki, yukarıda tanımladığımız türde yaratıcı yalnızlığı yaşayabilen insanların sayısı oldukça sınırlıdır. İçinde yaşadığımız kültürde, çoğunluğu oluşturan çevreye yönelik insanlar için yalnızlık öyle ürkütücü bir durum olarak algılanır ki, bu korku, insanın arada bir tek başına kalmasının olumlu yönlerini görebilmelerine fırsat vermez. Çok önemsiz durumlarda bile, örneğin güzel bir pazar günü ailenin diğer üyeleri dışarıda gezmeye gitmişken soğuk algınlığından ötürü günü yatakta geçirmek zorunda kalan biri yalnızlıktan yakınabilir ve kendine acıyabilir. Oysa bu insan aslında kimsesiz ve yalnız değildir; geçici olarak tek başına kalmıştır.

Farklı bir düzeyde olmakla birlikte benzer bir durum, çok sevdiği bir yakınını yitirmiş insanlarda görülebilir. Bu insanlar, yalnız kalmış olmanın acısıyla baş edebilmek için, yitirdikleri insanın özelliklerini kendi benliklerine mal ederek o kişinin davranışlarını, görüşlerini benimser, hatta bazen o insanın yarıda kalan sorumluluklarını ve etkinliklerini üstlenerek sürdürürler.

Yeni doğmuş bebek, annesinin ya da onun yerini alan birinin sıcak ve sevecen yakınlığı ile gelişir. Çocukluk döneminde bunun yerini, diğer insanlarla birlikte etkinliklere katılma, arkadaş edinme ve çevresinden kabul görme ihtiyacı alır. Ergenlik dönemi ve bunu izleyen yetişkinlikte insan, dostluk ve yakın ilişkiler arar. Eğer bebek sıcak bir yakınlıktan yoksun kalır ya da böyle bir beraberlik zamanından önce sona ererse, bu yoksunluğunu düşlerinde yarattığı ilişkilerle gidermeye çalışır. Bu düşleri kimseyle paylaşamadığından yalnız bir çocuk olarak yaşama başlar. Sonradan, toplumun bireyi kendine mal etme yönündeki baskılarına rağmen, çocuk gerçekle düşü ayırabilmeyi yine öğrenemezse yalnızlığı daha da artar. Gerçek olayların yerine kendi düşlerinin içeriğini dile getirdiğinde alaya alınacağı ya da bundan ötürü cezalandırılacağı korkusuyla daha çok içine kapanır.

Bebeklikten çocukluğa geçildikçe çocuğun annesiyle olan yakınlığının yoğunluğu giderek azalır ve çocuk, annesinin dışındaki dünyayla da ilişki kurmaya başlar. Ancak eğer annenin sıcak yakınlığı, çocuk dış dünyayla ilişkiye geçmeye gereğince hazır olmadan kesilirse ortaya ciddi sorunlar çıkabilir. Böyle bir çocukta, sevginin nasıl olsa sürekli olmayacağı önyargısıyla, diğer insanlarla yakınlık kurma korkusu gelişebilir. İçinde yaşadığımız kültür yetişkinlerin birbirine sevecen davranmasına zaten elverişli olmadığından ve dolayısıyla durumun sonradan onarılmasını sağlayabilecek bir ortam da bulunmadığından, sonunda çevresinden soyutlanmış, içine dönük ve sevgi verilse de alamayan bir yetişkin karakteri oluşur.

Böylesi bir yalnızlık bazen, bir insanın kendisine acıması biçiminde yaşanan yalnızlığın da ötesinde yoğun bir soyutlanmaya yol açabilir. Bu, gerçek yalnızlıktır: Böyle bir insanın, geçmişinde var olmuş insanların izleri silindiği gibi, gelecek yaşamında yeni ilişkiler kurabilme umudu ve beklentisi de yoktur. Bu denli yoğun yaşanan yalnızlığın özelliği, kişinin kendisinin de yalnızlığına yabancı olmasıdır. Böylesi mutlak bir yalnızlığın acısını yadsıma gereğinden kaynaklanır bu. Dolayısıyla bu insanın yalnızlığının bir diğer kişi tarafından paylaşılabilme yolları da kapanmıştır. Böyle bir yalnızlığa kimse ulaşamadığı için kavramsal bir tanımını da yapmak olanaksızdır. Öte yandan, bu tür bir yalnızlığa geçici bir dönem süresince gömülmüş olan kişiler, yalnızlıktan çıktıktan sonra da o dönemde ne yapmış olduklarını dile getiremezler. Yaşadıkları acıyı başka kimsenin yaşamadığı ve yaşayamayacağı inancı ve yaşanmış olan yalnızlığın ürkütücü niteliği, konuyu zihinlerinden silmelerine neden olur.

Gerçek yalnızlık her insanı korkutur. Buna karşılık, yalnız kalmaktan korkmak bir insandan diğerine farklılık gösterir. Kimi insan için bir bozkırın sonsuzluğunu seyretmek bile ürkütücü duyguların yaşanmasına neden olurken, bir diğeri için doğa ile baş başa kalmak doyurucu bir yaşantıdır. Kimi insan mutlak bir sessizlikte paniğe kapılabildiği halde, bir diğerinde böyle bir durum dinlendirici bir etki yaratabilir. Bu farklılığın ardındaki neden, yaşadığımız kültürden kaynaklanmaktadır. Günümüzde insanlar kendi kişiliklerini değerlendirmede, hatta kendi varoluşlarının bilincini yaşamada, diğer insanlarla olan beraberliklerinden aşırı oranda etkilenmekteler. Bir başka deyişle, bir insanın kendi gerçeklerini algılayış biçiminde diğer insanların onun hakkında söyledikleri ve düşündüklerinin payı oldukça önemlidir. İşte bu nedenledir ki, insanlar yalnız kaldıklarında ya da dış dünyadan soyutlandıklarında, benliklerinin sınırlarını yitiriyormuşçasına bir duygu yaşayabilir ve öznel benlikleriyle nesnel dünyanın ayrımını yapmakta güçlük çekebilirler. Dolayısıyla, bir insanın kendi benliğini ne ölçüde diğer insanların görüşlerine göre değerlendirdiği, o insanın yalnız kaldığı zaman yaşayacağı korkunun oranını belirleyen en önemli etmenlerden biridir. Ama, yine de, yalnız kalmanın ne zaman insanın yaratıcı güçlerine etkinlik kazandıracağını ve ne zaman ruhsal dengesinin bozulmasına neden olabileceğini kestirebilecek ve değerlendirebilecek bilgilere sahip olduğumuz söylenemez.

Bir insanın yalnızlığı, yalnızlığın boşluğuna ve ürkütücülüğüne karşı geliştirdiği savunma mekanizmalarıyla da anlaşılabilir. Sürekli ve aşırı yemek yeme, anlamsızca ve sürekli bir şeyler satın alma, seçim yapmaksızın art arda film ya da TV seyretme, amaçsızca vitrinleri izlemeyi alışkanlık haline getirme bunlar arasında sayılabilir. Gerisinde bir kaygının varlığı açıkça belli olan bu davranışların kapsamında ikinci bir insan ya da insanlar yoktur, dolayısıyla umut da. Ama bundan da öte, öylesi yoğun yalnızlık dönemleri vardır ki, insan felç olmuşçasına bir umutsuzluk içindedir ve bu gibi durumlarda artık kaygı ve gerginlik belirtileri bile yoktur. Çünkü ilgi ve amaç yitirilmiştir. Bu, canlıyken ölmüş olmak gibi bir varoluş biçimidir. Çoğu kez, böylesi insanları bizden farklı, ulaşılmaz ve anlaşılmaz varlıklar olarak algılar, hastalık derecesinde bir kişilik bozukluğunun varlığını hissederiz.

Bireyin diğer insanlardan ayrı ve tek başına kalması kadar, doğal çevresinden almaya alışageldiği fiziksel uyaranlardan yoksun kalması da davranış bozukluklarına neden olabilir. Kutuplarda araştırma yapan bilim adamlarının, batan gemilerin günlerce denizde kalan tayfalarının ve savaş tutsaklarının duygularında, algılarında ve düşüncelerinde türlü değişmeler gözlemlenmiştir. Amiral Byrd, Antarktika'daki yalnızlığını anlatırken, ruhsal çöküntü, uyaran açlığı ve gerçekle gerçekdışının ayrımını yapamama gibi güçlüklerden söz etmiştir. Bir tekneyle tek başına dünyayı dolaşman Slocum, özellikle en sıkıntılı anlarında beliren bir gemici imgesinin kendisine nasıl destek olduğunu anlatmıştır. İkinci Dünya Savaşı'nda gemisi torpillendikten sonra uzun süre bir cankurtaran sandalında kalan William Gibson da sık sık insan görünümleri algıladığını ve hatta karaya ulaştıktan sonra da uzun süre gemideki arkadaşlarının yüzlerinin kıyıdaki kayalarda canlandığını bildirmiştir.

Benzer durumlar deneysel olarak da yaratılmış ve ilk kez 1954 yılında Kanada'nın Mc Gill Üniversitesi'nde beş gün süreyle ses geçirmez ve karanlık bir odada bırakılan öğrencilerde bu sürenin sonunda, şaşkınlık, dikkati toplayamama ve duygusal dengesizlikler gözlemlenmişti. Yirmi dokuz öğrenciden yirmi beşi deney sırasında aslında var olmayan çeşitli imajlar algılamışlardı. Uzun süre tek başına bir odaya kapatılan savaş tutsaklarında da giderek insanları unutma, hatta insanlarla ilişkiyi düşleyememe biçiminde değişmeler gözlemlenmiştir. Vietnam Savaşı'nda tutsak düşen bazı Amerikalı asker ve subayların savaş sonunda özgürlüklerine kavuşup vatanlarına döndüklerinde en yakınlarıyla bile yeniden ilişki kurabilmelerinin uzun süreler gerektirdiği, bazı uç durumlarda ise insanlarla yeniden ilişki kuramayanların ağır ruhsal bozukluklara sürüklendikleri gözlemlenmiştir. Çünkü dış dünyadan uzun süre soyutlanmış kişilerin yarattıkları içsel yaşantı giderek öylesine canlanır ve yoğunlaşır ki, gerçek insanların bulunduğu bir çevreye uyum sağlamaları ve içsel dünyalarını yeniden düzenlemeleri zaman alır. Üstelik bu insanların bazıları soyutlandıkları dönemde çıldırma korkusu biçiminde bir duygu da yaşadıklarından, diğer insanlarla yeniden karşılaştıklarında ağızlarından çıkacak her söz kendi "delilikleri"nin bir kanıtı olacakmışçasına bir panik de yaşarlar.

Döllenmiş yumurtanın bir insan yavrusuna dönüşmesinde olduğu gibi, psikolojik yönden de birey, yaşamına ayrımlaşmamış bir bütün olarak başlar. Yaşam sürdürüldükçe kişiliğin her bir boyutu diğerlerinden farklılaşmaya başlar. Ayrıca her bir boyut da kendi içinde ayrımlaşmaya uğrar. Bireyleşme denilen bu gelişim süreci sonucu her insanın kendine özgü karmaşık psikolojik yapısı ortaya çıkar. Ne var ki, kişiliğin her yönü aynı oranda gelişemediği gibi, her bir insanın bireyleşmesi de aynı oranda olmaz.

Bireyleşme bir insanın diğerlerinden farklılığı ve tekliği anlamına gelir. Ancak, bireyleşme sürecinin bazı sınırlılıkları vardır. Toplumun değer yargıları içinde yok olma kaygısı yaşayan bazı insanlar bireyleşme çabasında o denli ileriye giderler ki, ait oldukları kültürle özdeşleşme olanağını da yitirirler. Gerçi, toplum normlarını hiçbir değerlendirmeden geçirmeden ve kayıtsız şartsız kabul eden biri yeterince bireyleşmiş sayılamaz, ama bir insanın bireyleşmesi ancak diğer insanlar tarafından da kabul edildiğinde gerçekten yapıcı bir nitelik kazanır ve böyle bir insan bireyleşmiş olmaktan ötürü suçluluk ve yalnızlık duyguları yaşamaz.

Toplum normlarına meydan okurcasına davranışlarda bulunmanın derininde aşırı bağımlılık eğilimleri bulunur. Böylesine bağımlı bir insan özerk olmayı öğrenememiş olduğundan, karşıt tepki geliştirmeyi bireyleşme olarak yorumlar. Diğer insanların görüşlerini paylaşmak ona göre çevresi tarafından yutulma anlamına geldiğinden, yoğun bir yalnızlığın getirdiği mutsuzluğa tutsak olur. Çünkü kahramanca da yapılmış olsa diğer insanlardan soyutlanmış bir bireyleşme çabası insanın amaçlarına ulaşabilmesi için yeterli değildir. Günümüz toplumlarında bu gibi kişiler bazen bir araya gelerek içinde yaşadıkları toplum normlarını reddeden marjinal gruplar oluşturmakta ve böylece yalnızlıklarını paylaşarak yalnızlıktan kurtulmaya çalışmaktadırlar. Bu, hem soyutlanmış hem de tek başına olmaktan daha az ürkütücü bir durumdur. Ne var ki, bazen politik bir görünüm de alabilen bu gruplar uzun ömürlü olmadığından, bulunan çözüm de geçici olur.

Ancak bu konunun bir de öbür yüzü olabileceğini unutmamak gerekir. Tutucu ve değişmez görüşleri olan bazı toplumlarda bir insanın olağan bireyleşme çabaları bile engellenir ya da her şeye karşın bireyleşme sürecini sürdürmekte direnen kişiler toplumdışı kalabilirler. Böyle bir toplum, çağdaş ölçütlere göre sağlıksız bir yapıya sahiptir. Ne var ki, bireylerinin yaratıcı güçlerini eyleme dönüştürmelerine olanak tanımayan bu gibi toplumlar eninde sonunda çalkantılara sahne olur ve yapısal değişikliğe uğrarlar. Katı ve baskıcı ya da hızlı bir değişimden geçen toplum insanının, bireyleşme sürecini çevresiyle bütünleştirme çabalarında başarısız kalmasını ve yabancılaşma duyguları yaşamasını doğal karşılamak gerekir. Ancak, kişiliğinin çeşitli boyutları uyumlu bir bütünleşme içindeyse böyle bir dönemi yaşamış olması ruhsal dengesinin bozulmasına neden olmaz.

Bir diğer yalnızlık türü vardır ki, üstü kapalı bir biçimde yaşanır ve kişiliğin bir boyutunun çocukluk döneminin ilk yıllarında durması ve gelişememesinden kaynaklanır. Yeni doğan bebek, benliğinin sınırlarının o denli farkında değildir ki, temel ihtiyacı olan beslenmesini sağlayan anne memesini bile kendi bedeninin bir parçası olarak algılar. Sonraları ilk önce anne memesinin kendisinden ayrı bir nesne olduğunu fark etmeye ve hatta annenin tutumuna göre memeyi "iyi meme" ya da "kötü meme" olarak değerlendirmeye başlar. Giderek önce annesinin, daha sonraları diğer insanların kendisinden ayrı varlıklar olduğunu algılamaya başlar ve böylece çocukta "ben" kavramı gelişir.

İşte yaşamın bu ilk döneminde, anne-çocuk ilişkilerinde başlayan ve süregelen aksaklıklar, çocukta "ben" kavramının yanı sıra "o" ya da "onlar" kavramının da gelişmesini engelleyebilir. Bu aksaklıklar, annenin kaygılı ve itici tutumlarından ya da kendi yalnızlığı sonucu çocuğa aşırı bağlanmasından kaynaklanabilir. Önceki bölümlerden birinde de tartışıldığı gibi, itici davranışlar kadar aşırı koruyuculuk da çocuğun gelişimini engelleyici bir etmendir. Çocuk, duygusal ihtiyaçlarının doyurulmaması ya da aşırı doyurulması sonucu kendi benliğinin sınırlarını oluşturamazsa, diğer insanları da kendilerine özgü ihtiyaçları olan varlıklar olarak kabul etmeyi öğrenemez.

Böyle bir durumda çocuk, diğer insanları kendi ihtiyaçları açısından değerlendirir ve onları kendi benliğinin bir uzantısı gibi görür. Yetişkinliğe ulaştığında ise çevresindeki kişilerin de ihtiyaçları olabileceğini idrak edemeyen, durumları salt kendi ihtiyaçları açısından algılayan, "ben" ve "o" ilişkisi yerine, "ben" ve "o" ilişkisi görüntüsünde aslında "ben" ve "ben" ilişkileri kurabilen bir insan olarak yaşamını sürdürür. "Ben" ve "ben" ilişkisi ise maskelenmiş bir yalnızlığın anlatımıdır ve narsisizm sözcüğüyle adlandırılır.

Narsisist kişi görünürde diğer insanlarla ilişki halindedir, ama bu gerçek bir ilişkiden farklıdır. Gerçek anlamda ilişki, sorumluluğu içerir. Başka bir deyişle, bir diğer insanın gerçeklerini anlamaya çalışmayı ve bu doğrultuda davranmayı gerektirir. Üstelik bununla da sınırlanmaz ve ilişkiye bir şeyler katmayı ve ilişki sürecini geliştirmeyi de içerir. Buna karşılık narsisist kişi, diğer insanları ancak kendi ihtiyaçları için arar. Verse de, karşılığında bir şeyler almak için verir. Bazılarında durum öylesine açıktır ki, onları kolayca "bencil" ya da "alıcı" olarak nitelendiririz. Ancak çoğu kez bu davranışlar öyle ustalıkla maskelenmiştir ki, diğer insanlar tarafından fark edilebilmesi uzun bir süreyi gerektirebilir.

Özellikle sevgi açlığı içinde olan kişiler bu insanların sistemine kolayca kapılır ve sömürülürler. Çoğu narsisist insan, davranışlarının bilincinde değildir. İçin için bir suçluluk yaşarsa da bunun insanlara bir şeyler verememesinden kaynaklandığını göremez. Kimi ise durumu biraz fark eder gibi olsa da görmezden gelme eğilimindedir ve bu tür davranışlarını sürdürür. Çünkü başka bir tür ilişki kurmayı öğrenememiştir, dolayısıyla seçeneği de yoktur.

Bu insanlar hepimizin çevresinde bulunur ve zaman zaman bizde kızgınlık yaratırlar. Yalnızca işi düştüğünde ya da dert anlatmak için bizi arayanlar, karşılaştığımızda bizim o andaki koşullarımız ne olursa olsun sürekli kendilerinden ve sorunlarından söz edenler oldukça sık yaşadığımız örneklerdir. Böyle insanlar gerçekten bizi görmek istedikleri için değil, o anda yalnız kalmak istemedikleri için bizi ararlar. İlişkileri sürdürme çabalarının gerisinde de "günün birinde gerekli olabileceğimiz" düşüncesi bulunur. Bize ilgi gösterirler, ama bu bizi anlamaya çalışmaktan uzak, "yatırım" amacını içeren bir tutumdur. Kısa bir süre sonra mutlaka karşılığında bir şeyler istenir, veremediğimizde de kendi verdiklerini hatırlatarak bizi suçlamaya çalışabilirler. Vaktiyle gösterdikleri ilginin aslında bize gerçekten bir şey vermekten çok, kendi yalnızlıklarından kaynaklandığını ve karşılık beklentisiyle verildiği için, vermek olmadığını göremezler.

Böyle insanlar ilişki durumunda oldukları kişilerin kendilerinden ayrı ve kendilerine özgü dünyaları olan varlıklar olduklarını kavrayamadıklarından, bu insanların davranışlarını değerlendirirken aslında kendi gerçeklerini yansıtırlar. Örneğin, aslında başkalarını kıskanan, ama bunun bilincinde olmayan narsisist kişi, onlar kendisini kıskanıyormuşçasına "ipuçları" bulabilir. Bir insana sevgi duyguları geliştirirse, aslında o kişide kendisine ait özellikleri sever ya da onun kişiliğinde kendisini yaşayarak, kendisine verilmiş olmasını istediği sevgiyi ona vermeye çalışır. Dolayısıyla bir başka insanın kişiliğinde aslında kendisini sever. Narsisist insan, aslında kendi anne ya da babasının narsisizminin ürünüdür. Bir başka deyişle, vaktiyle anne ya da babası onu kendi uzantısı olarak algılamış olduğu için kendisi de diğer insanları öyle algılar. Bu nedenle kendi boşluğunu bir diğer insanla gidermeye çalışır ve bunun sevgi olduğuna inanır. Birlikte olduğu insanı vaktiyle anne ya da babasının kendisini "sevdiği biçimde" sever ki bu, o insanı bir kilit altında kapalı tutmak istercesine yaşanır. Dolayısıyla, narsisist eğilimleri olan insanlar daima birbirlerini bulurlar. Çünkü özerk ve bireyleşmiş bir insan bu tür bir ilişkiyi zaten sürdüremez.

Seçilen sözcükten de anlaşılabileceği gibi, narsisist insan kendisiyle bir tür sevgi ilişkisi içerisindedir. Çünkü yalnızdır. İnsanlarla birlikte olduğunda da yalnızdır, ama onlarla ilişki halinde olduğu sanısındadır. Gerçek anlamda ilişki, zaman zaman ortaya çıkabilecek sorunların "işbirliği" ile çözümlenebileceğini öğrenmiş olmayı içerir. Narsisist insanlar işbirliğini öğrenememiş kişilerdir. Çünkü yalnızca kendi görüşlerinin doğruluğuna inanır ve diğer insanların duygu ve düşüncelerini anlamak için çaba göstermezler.

Narsisist kişi, bir yandan için için aşağılık duyguları yaşarken, bir yandan da kendisine hayranmışçasına davranır. Açık ya da üstü kapalı biçimde kendisini över, bu övgünün başkalarından da gelmesini bekler ve hatta onları buna zorlayıcı davranışlarda bulunur. Kendisini eleştirmeye kalkışan insanları kötü niyetli ve düşman olarak algılar. Eleştirilerin içeriğini geçersiz kılacak gerekçeler bularak yine kendi doğruluğuna inanır. Diğer insanlara sürekli kusur bulur ve onları küçümser. Aslında küçümsediği kendi gerçek benliğidir. Buna karşılık, olduğunu sandığı ve olmak istediği imajı gerçekleştirdiklerini sandığı kişilere karşı hayranlık geliştirir. Çünkü kendisini onlarda bulduğu görkemle özdeşleştirir ve gerek kendisinden gerekse yücelttiği bu insanlardan abartılmış bir biçimde söz eder. Ne var ki, yeterince veri olmaksızın hayranlık geliştirdiği kişilerin kendileri de genellikle narsisist nitelikler taşıyan insanlardır. Narsisist kişi yaptığı her işin, söylediği her sözün üstün nitelikte olduğuna inanır. Bu onun noksanlarını görebilmesini, yaptığı yanlışlardan ders alabilmesini, dolayısıyla kendisini geliştirebilmesini engeller. Kimi narsisist, yarattığı yalancı görkemini kabul eden bir hayran grubu edinebilirse de çoğu bunu başaramaz ve çevresi tarafından dışlanır ya da alaya alınır.

Narsisist kişilerle iletişim kurabilmek oldukça güçtür. Çoğu o anda aklında ne varsa onu konuşur ki bu da genellikle kendisine, duygularına, düşüncelerine ve yaptıklarına ilişkindir. Söylediklerinin karşı tarafta nasıl bir etki yarattığına aldırmadığından ve onların anlattıklarını anlamaya çalışmayarak salt kendi bakış açısından değerlendirdiğinden, böyle bir insanla gerçek bir diyalog kurulamaz. Narsisist kişi, ancak karşısındaki insanda kendisine ilişkin bir yaşantının yansımasını gördüğünde onunla ilgilenir. Bunun dışındaki konuları çoğu kez algılamaz bile. Narsisist insanlar birbirleriyle ilişki kurma eğilimindedirler. Ancak beraberliklerindeki iletişim karşılıklı monologlar biçimindedir. Her biri ne dediğini diğerinin anlamış olduğunu farzederek kendi monoloğunu söyler ve gerçek bir iletişimin kurulmamış olduğu da fark edilmez.

Narsisist insan, çalışma yaşamındaki yardımcılarını, eşini ve çocuklarını da kendi varlığının bir uzantısı gibi görür. Dolayısıyla bu insanlar onun ihtiyaçlarını karşılamakla yükümlüdürler. Böyle bir insan birlikte çalıştığı insanları kişisel sorunlarıyla sürekli işgal eder, onların kendisine ilgi göstermesini ve isteklerinin karşılıksız yerine getirilmesini bekler. Beklentileri, çalışma yaşamının gereklerinin oldukça ötesinde ve kişiseldir. Narsisist insan, evliliğinde ya da diğer karşı cins ilişkilerinde mutsuzdur, birlikte olduğu kişiyi de mutsuz eder. Narsisist kişiler, dünyalarını gösteriş üzerine kurma eğiliminde olan yalnız insanlar olduğundan, eşlerini de ulaşmak istedikleri görkemin aracı olarak algılayabilirler. Narsisist kadın, kocasını genç kızlık düşlerini gerçekleştirmekle yükümlü bir insan olarak görebilir. Erkek ise karısını yalnızlığından kaynaklanan gerilimini boşaltabileceği bir cinsel nesne gibi görebilir ve cinsel ilişki sırasında onun gerçeklerini düşünmeksizin yalnızca kendi ihtiyacını karşılamaya çalışabilir. Dolayısıyla böyle bir beraberlik, mastürbasyondan pek farklı olmayan, paylaşma duygusunu içermeyen, bir "ben" ve "ben" ilişkisi türü olur. Bebeğin, ona doyum sağlayan anne memesini kendi bedeninin bir parçası olarak algılaması benzeri, kadın cinsel organları da erkeğin kendi bedeninin bir uzantısıymışçasına yaşanır.

Bu tür evliliklerde ikili monolog türünde bir iletişim vardır. Eşlerden her biri diğerinin kendisini anladığını farzederek davranır ve bazen bir evlilik, eşler birbirlerini gerçek anlamda tanıyamadan bir ömür boyu sürer. Bu evliliklerde eşler birbirini kendi varlığının uzantısı gibi gördüğünden kıskançlık duyguları da oldukça yoğun ve sık yaşanır, ya da eşler evlilikleri içinde yaşadıkları yalnızlığa evlilik dışında çözüm aramaya çalışarak durumun daha da karmaşıklaşmasına neden olurlar.

Ana-babanın çocuklarını kendi narsisist eğilimlerine doyum sağlayacak uzantılar olarak algılamaları ise çocukların gelişimini ciddi bir biçimde aksatır. Kimi anne, çocuğunu kendi yalnızlığını giderecek bir araç olarak algıladığından, büyümesini ve gelişmesini elinde olmadan engeller ve kendisine bağımlı kılar. Kimi baba ise çocuğunu ulaşmak istediği görkemi gerçekleştirebilecek bir araç olarak görür ve çocuğun yeteneklerinin ötesinde beklentileriyle onun doğal gelişimini engeller. Biçimi ne olursa olsun sonuç daima aynıdır. Ana-babanın narsisist kişiliklerini çocuklarına yansıtmaları, çocuğun özerk bir varlık olmayı öğrenememesi ve dolayısıyla narsisist eğilimli bir yetişkin olmasıyla sonuçlanır. Böyle bir yetişkinin en belirgin özelliklerinden biri, kendi benlik sınırlarını gereğince çizememiş olması sonucu, özellikle karşı cinsle ilişkilerinde "ortakyaşam" beraberliği kurma eğilimidir. Ortakyaşam kavramı ise ayrıntılı olarak ele alınmayı gerektiren bir konu olduğundan ayrı bir başlık altında tartışmayı daha uygun görüyoruz.

Ortakyaşam İlişkisi

ÖNCEKİ bölümlerde de belirtildiği gibi, ana-babanın çocuğu açıkça reddetmesi ya da bu duygusunu bilinçdışına iterek çocuğunu aşırı koruması ya da ondan kusursuz davranışlar beklemesi, kendi yalnızlığını gidermek için çocuğuna aşırı düşkünlük göstererek büyümesini engellemesi ve ulaşılmamış amaçlarını çocuğun gerçekleştirmesini beklemesi gibi kusurlu tutumları çocuğun gelişimini aksatır ve benliğinin sınırlarını oluşturabilmesini engeller. Böyle bir çocuk yetişkinliğe ulaştığında, yakın insan ilişkilerinde ve özellikle karşı cinsle olan ilişkilerinde, benliğinin eksik kalmış sınırlarını birlikte olduğu kişiyle tamamlamaya çalışır.

Çocuğunu ayrı bir varlık olarak algılayabilen ve benliğinin sınırlarını geliştirebilmesi için gerekli ortamı sağlayan ana ve babaların çocuklarının yetişkinliğe ulaştıklarında kurduğu ilişkiler ise yukarıdaki örnekten farklıdır.

Şekil I'deki ilişki sevgi umuduyla başlar. Ancak iki tarafın kısa sürede birbirine aşırı bağımlı duruma gelmesi, giderek açık ya da maskelenmiş kızgınlık duygularının gelişmesine neden olur. Çünkü her biri diğerini özerkliğini engelleyen bir etken olarak algılamaya başlar. Böylece, sevgiye ulaşmak için kurulan beraberliğe genellikle sadist-mazoşist öğeleri içeren olumsuz duygular egemen olmaya başlar. Çoğu zaman kişiler bu sürecin bilincinde değildir ya da fark eder gibi olsalar da durumu görmezden gelmeye çalışarak ilişkiyi sürdürürler. Bir yanda ilişkiyi sona erdirerek özgürleşme isteği, diğer yanda ilişkinin sona

Şekil I

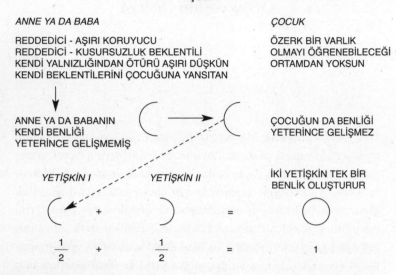

ANNE YA DA BABA

REDDEDİCİ - AŞIRI KORUYUCU
REDDEDİCİ - KUSURSUZLUK BEKLENTİLİ
KENDİ YALNIZLIĞINDAN ÖTÜRÜ AŞIRI DÜŞKÜN
KENDİ BEKLENTİLERİNİ ÇOCUĞUNA YANSITAN

ÇOCUK

ÖZERK BİR VARLIK
OLMAYI ÖĞRENEBİLECEĞİ
ORTAMDAN YOKSUN

ANNE YA DA BABANIN
KENDİ BENLİĞİ
YETERİNCE GELİŞMEMİŞ

ÇOCUĞUN DA BENLİĞİ
YETERİNCE GELİŞMEZ

YETİŞKİN I   YETİŞKİN II

İKİ YETİŞKİN TEK BİR
BENLİK OLUŞTURUR

$$\frac{1}{2} + \frac{1}{2} = 1$$

ermesi olasılığına karşı geliştirilen yoğun bir korkunun yarattığı çelişki sürekli yaşanır. Bazen taraflardan biri ilişkiye son vermek istercesine davranırken, diğeri ilişkiyi koruma çabası gösterir. Bazen biri diğerine sadistçe davranışlar gösterirken, diğeri mazoşizmine doyum sağlar. Sonra bir dönem gelir, roller değişir. Kaçan kovalayan, kovalayan kaçan ya da sadist mazoşist, mazoşist sadist olur. Ama tahterevalli hiçbir zaman yatay duruma gelmez; bazen biri bazen de diğeri yukarıdadır. Dolayısıyla huzura da ulaşılmaz ve çoğu kez taraflardan biri ilişkiye son verir. İlişkinin sona ermesi özgürlük yerine yetersiz bir benlikten kaynaklanan bunalımı da birlikte getireceğinden, yeni ortakyaşam ilişkileri acele olarak ve gerçek bir seçim yapamadan kurulur ya da ilişki kurma korkusu geliştirilir ve kişi duygusal dünyasının üzerine bir kabuk örer.

Şekil II'deki ilişki de sevgi umuduyla başlar. Ancak her iki taraf da birbirine aşırı bağımlı olmadığından, ilişkinin içinde

Şekil II

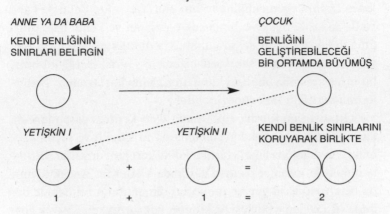

yok olmaktan korkulmaz. Üstelik, özerk birer varlık olduklarından bağımsız yaşantılarından edindikleri zenginlikleri ilişkiye katarak beraberliğin sürekli bir evrim içinde olabilmesini ve canlı kalabilmesini sağlarlar. Bu, kişilerin birbirlerini ilişki içinde kapatmaya çalışmadıkları, birbirlerinin özerkliklerine saygı gösterebildikleri, birbirini yitirme korkusunun yaşanmadığı bir beraberliktir. Gerçek sevgi bağıdır.

İlginç olan bir yön de ortakyaşam ilişkisi kurma eğilimi gösteren kişilerin birbirlerini bulmada gösterdikleri çabukluk ve beceridir. Bu, bilinçli bir seçim yapmaksızın olağanüstü bir sezgi yoluyla, iki kişinin birbirine doğru yaklaşması biçiminde gerçekleşir. Herkes kendi benliğinin ulaştığı olgunluk derecesine eşit olgunlukta birini bulur. Gerçi bazen görünürde kişilerden biri çocuksu ve ilkel davranışlarda bulunurken diğeri sağduyuyu temsil eder, ama sağduyuyu temsil eden kişi aslında kendi içindeki çocuğa yabancılaşmıştır ve onu karşısındaki insanda sever. Bir başka deyişle, aslında kendini sever. Çocuksu davranan taraf ise vaktiyle ana-babasından alamadıklarını şimdi alma çabasındadır. Bunu gerçekleştiremediği gibi, kendisine saygısını da yitirir. Üstelik, kendisine karşı ana ya da baba rolünü üstlenen kişinin egemenliğine teslim olur. Gerçekte onun da baba ya da ana rolü oynayan bir çocuk olduğunu ve kendi bağımlılığına dolaylı yoldan doyum aramakta olduğunu göremez. Öte yandan, kendi benlik sınırlarını çizememiş birisi ile olgunlaşmış bir insan arasında bir ilişki kurulamaz, hatta başlayamaz. Birbirlerinin varlığını fark etmezler bile!

Ortakyaşam kurma eğiliminde olan kişiler, yaşamlarında karşı cinsten biri olmadığı zamanlarda da sürekli ve seçim yapmaksızın diğer insanlarla birlikte olma gereğini duyarlar. Birlikte oldukları insanlar da aynı eğilimde kişilerdir. Ancak hiçbiri bu beraberliklerin gerçek bir seçim olmadığının bilincinde değildir. Bu nedenle böylesi ilişkilerde, yüz yüzeyken dostluk gösterip sonra arkadan konuşma sık rastlanan bir olgudur. İlişkiler ya "yapışık" ya da "teğet" niteliktedir. Yapışık ilişkilerde birlikte sürüklenilir; taraflar ya da kişiler birbirlerinden arada bir ayrılmak zorunda kalsalar bile ilk fırsatta yeniden bir araya gelir ve sonra güçlükle kopabilirler. Örneğin, bir akşam buluşması sabahın erken saatlerine dek sürebilir ve beraberliğin bunaltıcı boyutlara ulaşmasına karşın kimse ayrılıp evine dönme gücünü gösteremez.

Çoğu beraberliklerde ilişki yoğunluğu önceleri giderek arttıktan sonra bir doruğa ulaşır ve sonra iniş başlar. Bu, insanlararası etkileşimin doğal bir kuralıdır. Ortalama insan, beraberlikten sağladığı doyum ortak noktasına ulaşıp da inişe geçmeye başladığı anı çabuk fark eder ve ileride yeniden bir araya gelme isteğiyle beraberliğe toplumsal kurallar çerçevesinde son verir. Esasen böyle bir noktaya gelindiğini kişiler genellikle karşılıklı ve yaklaşık olarak aynı zamanda fark ederler ve kimse kendini engellenmiş hissetmez. Yapışık ilişkilerde ise inişe geçildiği ya algılanmaz ya da görmezden gelinir. Bu nedenle ancak bıkkınlık dayanılması güç bir düzeye ulaştıktan sonra taraflar kendi yalnızlıklarına dönmeyi göze alabilirler. Eğer bu nokta da aşılırsa açık saldırganlık yaşanır.

Teğet ilişkilerde taraflar birbirlerine biraz fazla yaklaştıklarında, bir süre sonra yeniden yaklaşmak üzere birden uzaklaşırlar. Yapışık ilişkilerde güvenlik sık ve uzun süreli beraberliklerle sağlanır. Teğet ilişkilerde ise taraflar arada bir birbirini "yoklayarak" güvenliklerini sağlarlar. Her iki ilişki biçiminde de narsisist çıkarlar ön plandadır. Görünürde, yakın ilişkiler ve hatta yoğun bir dayanışma yaşanıyormuş izlenimi edinilirse de, aslında kişiler birbirleriyle yalnızca karşı tarafın gerçekleriyle kendilerini özdeşleştirebildikleri sınırlı bazı durumlarda ya da diğer insanın belirli bir yaşantısı kendi sadist-mazoşist eğilimlerine doyum sağladığı için ilgilenirler. Ama kendi kendine yapılan hesaplaşmalarda herkes aldığından çok verdiği sanısındadır. Bilinçli düzeyde verme amacıyla yapılan çoğu davranışın aslında almaya yönelik olduğu fark edilmez.

Ortakyaşam ilişkilerinin kadın-erkek ilişkilerindeki yansımaları aşağıdaki biçimde özetlenebilir:

Şekil I'deki koşullarda yetişmiş bir kadını ele alalım: Kız olarak dünyaya geldiği için çocukluğunda ikinci sınıf evlatmışçasına davranılan, genç kızlığında erkek kardeşlerine oranla daha fazla baskı altında tutulan bu kadın, evlendikten sonra giderek geçmişteki ezikliğini ödünleyici tutumlar geliştirmeye başlayabilir. Evlendiğinde önceleri kayınvalide egemenliği altına giren kadınlarda bu tutumlar anne olduktan sonra gelişmeye başlar. Bu kadının davranışları geçmişin öfkesiyle güdülendiği için evliliğinde mutlu olma şansı da oldukça azdır. Çünkü bu kez de davranışları bir başka uca gitmiştir. Kocası ve çocukları üzerinde açık ya da üstü kapalı bir egemenlik kurmaya çalışırken kendi bağımlılık eğilimlerini görmezden gelmiş olmanın yalnızlığını yaşar. Dolayısıyla geçmişteki ezikliğini şimdiki egemenliğiyle ödünleme çabaları temeldeki değersizlik duygularını ortadan kaldıramaz. Verdiğinin karşılığını alamadığı sanısında olduğu için açık ya da dolaylı olarak çevresini suçlayan, kendisine layık bir kocaya varamamış olduğundan yakınan ve kendi mazoşizmi ile çevresini bunaltan bir kadın görüntüsü ortaya çıkar. Bu kadının bir kızı olduğunda, ona kendi kadınlığına ilişkin değersizlik duygularını aşılayabilir ya da hoşlanmadığı cinsiyetini kendisine anımsattığı için ona karşı itici ve reddedici davranışlar geliştirerek ilgisini erkek evlatlarına yöneltebilir.

Bu koşullarda yetişen bir kız çocuğu, annesiyle ve dolayısıyla kendi cinsiyetiyle özdeşleşmede güçlük çeker. Kendisini bunaltan annesi yerine babasıyla özdeşleşmeye çalışır, dolayısıyla kadınlık rolünü gereğince benimseyemez. Üstelik annenin egemenliği nedeniyle bir türlü ulaşılamayan baba, uzakta kalmış olmasından ötürü tanrılaştırılabilir. Dolayısıyla yetişkin yaşama ulaştığında ya annesinin ezikliğiyle özdeşleşir ve erkeklere karşı düşmanca eğilimler geliştirir ya da dışlanan babasıyla özdeşleşerek erkekleri kayırıcı davranışlar gösterebilir. Her iki durumda da kadınlık kimliği benimsenemediğinden ne kendi cinsi ne de karşı cinsle kurulan ilişkilerde uyum sağlanamaz.

Yukarıda portresini çizmeye çalıştığımız egemen ama mutsuz bir diğer annenin oğluna karşı tutumunu incelersek, görünürde farklı ama temelde özdeş bir tutumun varlığını seçebiliriz. Anne ya ezikliğinin öfkesini açık ya da üstü kapalı bir biçimde oğlundan çıkarabilir, ya da yalnızlığını ve mutsuzluğunu oğlunun varlığında gidermeye çalışabilir. Her iki durumda da anne-oğul arasındaki olumlu ya da olumsuz, ancak yoğun etkileşim erkek çocuğun erkek kimliğini gerçekleştirebilmesini engeller. Üstelik anne genellikle baba ile oğul arasında yakınlık kurulmasına fırsat vermediğinden babayla gerekli özdeşim de sağlanamaz. Böyle bir çocuk yetişkinliğe ulaştığında hem erkeklerle hem de kadınlarla ilişkilerinde bazı güçlükler yaşar.

Birinci annenin kızı ile ikinci annenin oğlunun karşılaştıklarını ve bir ilişkiye geçtiklerini varsayalım. En sık rastlanan biçimiyle bu, annesinin kimliğini benimseyen egemen bir kadınla, bu kadının egemenliğini güçlülük sandığı için onunla ilişkiye geçen, aynı zamanda onun egemenliğinden ürken bir erkeğin beraberliği olacaktır. Böyle bir ilişkide çeşitli olasılıklar söz konusudur. Kadın, kendine olan güvensizliğinden ötürü erkeğine karşı bir anne tutumu geliştirerek onu kendine bağımlı kılmaya çalışabilir ki, kendi kişiliğinden vazgeçmek pahasına geliştirilen böyle bir tutum düşmanca eğilimlerin oluşumuna da yol açabilir. Böyle bir kadın aslında terk edilme kaygıları yaşadığından sürekli ödün vererek ilişkiyi sürdürme çabasındadır. Bu güvensizlik açık ya da üstü kapalı bir kıskançlığın sürekli yaşanmasına neden olur. Eğer kıskançlık duyguları denetimden çıkarak bunaltıcı boyutlara ulaşırsa erkeğin başka kadınlarla ilişki kurma olasılığı da artar.

Kimi kadın erkeğin üzerinde gerçek bir egemenlik kurduğu anda onu küçümsemeye başlayabilir. Eğer erkeğin mazoşist eğilimleri yoğunsa, ilişki kadının erkeği sürekli horlaması biçiminde sürebilir. Ancak çoğu kez bu noktaya gelindiğinde erkek kadından uzaklaşarak, başka kadınlarla ilişki kurarak ya da mazoşizmini sadizme dönüştürerek kadının esasen temelsiz olan özgüveninin yıkılmasını sağlayabilir ve bu kez roller değişir. Kadın nasıl olsa elinin altında olduğunu sandığı erkekte oluşan bu değişiklikten ötürü bozguna uğrar ve bu kez mazoşist ortak rolünü benimser.

Sağlıklı bir anne modelinden yoksun büyümüş kadınlardaki kimlik bunalımı çeşitli biçimlerde yaşanabilir. Kimi kadın erkeksi bir sorumluluk üstlenerek erkeğinden daha erkek olma çabasındadır. Böyle kadınlar ev işleriyle uğraşan, yemek ve pasta tarifleriyle ilgilenen ya da çay toplantılarına katılan kadınları küçümserler. Onlara göre bu etkinlikler kadının güçsüzlüğünün simgesidir. Önyargılı olduklarından ev kadınlığı kimliğinin yaratıcı ve yapıcı yönlerini göremezler. Kimi ise ev kadınlığı çerçevesi içerisinde bir egemenlik kurmuştur. Böylece bir yandan erkeğine ve çocuklarına yönelik sadizmini, diğer yandan kendine yönelik mazoşizmini yaşar. Sahip olduğu ilişkileri değerlendireceği yerde, ait olmadığı bir dünyada yaşadığı inancındadır ve ulaşabilme fırsatını kaçırdığını sandığı başka bir dünyanın özlemini yaşar. Böylesi kadınlar, fotoromanlara, romantik konulu filmlere ve bazı ünlü kişilerin inişli çıkışlı yaşamlarına büyük ilgi duyarlar.

Bazı kadınlar cinsel rollerine ilişkin yetersizliklerini kendilerini mesleki ve entelektüel alanlarda geliştirerek ödünlemeye çalışır ve kendi kadınlıklarına daha da yabancılaşırlar. Böylesi kadınlar erkeklerle bir tür yarışa girerler. Bu yarış entelektüel güçleriyle erkekleri hadımlaştırma eğilimlerini de içerebilir. Ne var ki bu yönde başarı kazansalar da bunu duygusal yaşamlarındaki boşluk ve yalnızlıkla öderler. Çünkü davranışları kadınlık kimliklerini mesleki ve entelektüel boyutlar katarak zenginleştirmeye yönelik olmaktan çok, erkekleri model almayı ve onları aşmayı amaçlar. Ancak bu tür kadınların asıl yarışları birbirleriyledir ve kendi türlerindeki kadınlara nefret edercesine bir tepki geliştirirler. Erkekler dünyasına girebilmiş tek kadın olmak istediklerinden bu konuda ciddi bir rekabetle karşılaştıklarında saldırgan davranışlar bile gösterebilirler.

Kimi kadın ise kadınlığına ilişkin güvensizliğini başka bir biçimde ödünlemeye ve erkekleri baştan çıkararak gücünü kanıtlamaya çalışabilir. Bu, çapkın baba modelini benimsemiş ya da annelerinden çok bunalmış kadınlarda daha sık görülür. Bu tür davranışlar erkeklere karşı bir zafer kazanma öğesini taşıdığı gibi, ulaşılamamış baba sevgisini arayan küçük kız davranışlarını da içerebilir. Erkekleri baştan çıkarma eğilimi, erkeklere yönelik bir öfkenin yanı sıra, sürekli bir ilişki içerisinde zedelenme korkusundan da kaynaklanabilir. Bu tür kadınlar erkek eşcinselliğine karşı büyük bir ilgi geliştirirler. Bu, babalarında baştan çıkarıcı davranışlar görülen kadınlarda daha belirgindir. Hadımlaşmış bir erkeğin varlığının erkeklere yönelik sadizmlerine doyum sağlamasının yanı sıra, bir erkeği hadımlaştırma eğilimlerinin gerçekleşmiş olduğunu görmekten ötürü duyulan suçluluk bu tür erkeklere yakınlık göstermelerine neden olur. Bu aynı zamanda bir özdeşleşmeyi de içerir. Edilgin eşcinsel erkek, cinsel organından vazgeçmiş olmakla, böyle bir organa sahip olmayan ama sahip olanlara karşı öfke ve imrenme yaşayanların safına katılmıştır.

Bu tür kadınların kimi, erkeklerle ilişki kurmaktan tümden kaçınırlar. "Fahişe olmamak için rahibe olmak!" ilkesiyle çalışan bu mekanizmanın gerisinde erkeklere yönelik yoğun sadist-mazoşist eğilimler bulunur; ancak bu istekler genellikle tümden bilinçdışına itilmiştir. Bir başka deyişle bu, erkekler tarafından zedelenme korkularına ve onları zedeleme isteklerine karşı geliştirilmiş bir mekanizmadır.

Yukarıda çeşitli biçimleriyle yansıtılmaya çalışılan abartılmış ve otantik olmayan kadın kimliklerinin gerisinde, incinmekten korkan, korunmak ve sevilmek isteyen "küçük bir kız çocuğu" bulunur. Gerçek kadın kimliğine ulaşabilmeleri için aşmaları gereken yol engellenmiş olduğundan, karmaşık davranış örüntüleri geliştirerek dünya içinde kendilerine bir yer edinmeye çalışmış, sonunda içinden çıkılması güç bir kısırdöngüye tutsak olmuşlardır. Bu tür kadınların çoğu küçük bir kız çocuğu gibi sevilip okşanmayı gerçek bir cinsel beraberliğe yeğlerler. Cinsel ilişki bazen erkeğe rüşvet vermekten öte bir anlam taşımayabilir. Esasen böylesi kadınlarda orgazm olma güçlüğü de oldukça yaygındır. Orgazm olma, erkeğe tümden teslim olma ve dolayısıyla yok olma anlamına geldiğinden, bazı kadınlar kendilerini bu doyumdan engelleyerek erkeğe yönelik sadist ve kendilerine yönelik mazoşist eğilimlerine doyum sağlarlar. Bir başka deyişle, orgazm olamamanın gerisinde kendine ve erkeğe yönelik bilinçdışı öfke ve düşmanlık duyguları bulunur. Bu, kadınların sık kullandıkları bir bilinçdışı öç alma yoludur. Olgunlaşmamış olmanın ve hâlâ ana-baba sevgisi beklemekte olmanın bir belirtisidir.

Biraz da ikinci annenin erkek çocuğundan söz edelim. Yetişkinlik yaşamına erkek kimliğini yeterince oluşturamadan ulaşmış olan böyle bir erkekte de çeşitli davranış sapmaları görülebilir. Böyle bir erkek, annesini ya kocasının egemenliği altında eğilmiş mağdur bir varlık ya da kocasını hadımlaştırırcasına egemenlik kurmuş güçlü bir kadın olarak algılamış olabilir. İlkinde mağdur anneyle özdeşleşerek güçlü olduğu sanılan erkeklere karşı bir korku ve kızgınlık, ikincisinde güçlü bir kadının koruyuculuğunu arama ve edilgin erkeklerle özdeşleşme eğilimi görülebilir. Güçlü görünümlü erkeklerden korku, vaktiyle anneyle özdeşleşmiş ve onunla bir ittifak kurmuş olmanın kalıntılarıdır. Bir başka deyişle, arada bir kadın olmasa ve onu saldırgan bir erkeğe karşı koruma görevi üstlenilmemiş olsa, böyle bir korku da gelişmeyebilirdi. Ancak mağdur anneden yana çıkmanın esasen çocuklarından uzak bırakılmış babayı daha da dışlama anlamına geldiği göz önünde bulundurulduğunda, bazı babaların oğullarını neden kıskandıkları ve bu durumun baba-oğul ilişkilerini nasıl bir çıkmaza sokabileceği de anlaşılabilir.

Gerçekten de bazı erkeklerin acı çeken bir kadını mutlu etme umuduyla bir ilişki başlattıkları görülür. Bu onların kendi mazoşizmlerinin doğal bir sonucudur. Öyle ki sonunda karşılarındaki kadının üstü kapalı sadistçe eğilimlerinin kendilerine yöneltilmesini de başarırlar. Bir başka deyişle, öylesi davranırlar ki birlikte oldukları kadının kendi üzerlerinde egemenlik kurmasına elverişli bir ortamı kendileri hazırlarlar. Böylece vaktiyle seçtikleri boynu eğik ve yumuşak kadın, bu kez egemen ve bunaltıcı bir kadın rolünü üstlenir. Eğer bu rol dozunu fazlaca aşarsa bu kez de erkek mağdur kimliğiyle başka kadınlara yaklaşır. İşte bu noktada roller yeniden değişir ve birlikte olduğu kadının mazoşizmi ön plana çıkar. Bazen de kadın öç almak amacıyla başka bir erkeğe yaklaşabilir ve durum iyice karmaşıklaşır.

Kimi erkek ise başlangıçta güçlü görünen bir kadınla ilişki kurabilir ve ilişkinin sorumluluğunun çoğunu onun üstlenmesini bekler. Ama sorumsuzluk ve iktidar birlikte var olamayacağına göre, kendi erkekliğine ilişkin bazı kaygılar bu durumu izler. Ya da başlangıçta güçlü görünen kadın, sürekli vermiş olmaktan ötürü sonunda tükenir ve iki tarafın da sorumluluktan kaçmaya çalıştığı bir ilişki ortaya çıkar. Toplumun erkek rolüne tanıdığı haklar, erkeğin çözümü bir başka kadında aramasını pekiştirici bir etmendir. Ancak kendi cinsel kimliğini gereğince oluşturamamış bir erkek, seçenekleri de olsa, kadınlara bir çocuk gibi gittiğinden sonunda onların egemenliğine girer ve bu kez de ilişki içinde yok olma kaygılarını yaşar. Bunun sonucudur ki bazı erkekler kadınlarla ilişkilerinde bencil ve kaypak tutumlar gösterirler. Böyle yapmakla, birlikte oldukları kadını bunalıma soktuklarını ve kaçan erkek - kovalayan kadın biçiminde bir rol değişimine neden olduklarını göremezler.

Üzerinde egemenlik kurulduğu için bu ilişkiden bunalan erkek, çoğu kez birlikte olduğu egemen kadından aldığını sandığı destekten de vazgeçmeksizin kendisine daha yumuşak gelen ikinci bir kadına yönelebilir. Ürkütücü olmayan böyle bir kadın karşısında kendisini daha "erkek" hisseder, ama aslında, sıkıştığı zaman evde kendisini beklemekte olan bir annenin varlığının sağladığı güvenceyle dışarıda oyun oynamaya çıkmış bir çocuk gibidir. Sorumsuzluğunun ve bencilliğinin karşılığını da bir süre sonra ödemeye başlar. İkinci kadının başlangıçtaki mazoşizmi ve yumuşaklığı giderek sadizme ve egemenliğe dönüşmeye başlar ve her iki taraf için de ilişki zevkten çok yük olmaya başlar. Eğer kadın, özellikle başka bir kadının elinden erkeğini alarak bir zafer kazanmayı amaçlamış ve kendi kadınlığına ilişkin güvensizliğini bu biçimde ödünleyebileceği sanısına kapılmış biriyse, erkek için durum daha da karmaşıklaşır.

Gerçekten de bazı kadınlar özellikle evli erkeklerle ilişki kurma eğilimindedirler. Durumun bir rastlantı olduğunu savunurlarsa da bu aslında bir seçimdir. Ancak bu seçim bazı bilinçaltı mekanizmaların ürünü olduğundan bilinçli düzeydeki savunmalarına kendileri de inanırlar. Bu, çocukluk yıllarında oluşan ve babayı annenin elinden alarak ona karşı zafer kazanma tutkusu biçiminde yerleşen bir nevrozun yetişkin yaşamdaki görüntüsüdür. Kişiliği güçlü sadist-mazoşist öğeler içeren böyle bir kadın için ilişki kurduğu erkekten çok, o erkeğe sahip olan diğer kadın önemlidir ve mazoşizmini onun varlığı çevresinde yaşar. Bu nedenle, başlangıçta süper-erkek (baba) görüntüsüyle kendisine yaklaşan erkeğin gerisindeki çocuğu ve narsisist eğilimleri göremez. Esas olan, diğer kadına karşı açtığı ölüm-kalım niteliğindeki savaştır. Savaş genellikle ikinci kadının yenilgisiyle sonuçlanır. Çünkü bu, bir yandan yürümeyen bir evliliği sürdürürken bir yandan da yeni bir beraberlik arayan ve bulduğunda da ona sahip çıkabilen bir erkeğin ilişkisinden farklıdır. Evdeki "kötü anne"ye karşılık dışarıda bir "iyi anne" bulabileceği sanısında olan erkeğin yaşantısını yansıtır. Vermeyi bilemeyen böyle bir erkek, yalnızca alabileceğini düşlediği bir dünya kurmak isterken bu kez iki "kötü anne" arasında kalır ve daha da büyük bir çıkmaza girer.

Çapkınlık, toplumun önemli bir kesiminin gözünde erkeğin erkekliğini kanıtlayan bir davranış biçimidir. Böyle bir önyargıyla yaklaşıldığında, bu olgunun gerisinde kişinin erkeklik kimliğine ilişkin bir kaygı yaşamakta olduğu gerçeği de kolayca gözden kaçabilir. Çeşitli biçimlerde yaşanabilen bu kaygı, kökenini çocukluk yıllarından ve uyumsuz anne-oğul ilişkilerinden alır. Örneğin erkekler vardır, sürekli baştan çıkarırlar. Bunu yaparken, başlangıçta ya kadına tapınırcasına davranır ya da aslında kadınlara özgü edilgin-baştan çıkarıcı tutumlarla kadının kendileriyle ilgilenmesini sağlarlar. Ancak, bir-iki kez cinsel beraberlik sağlandıktan sonra ilişki erkeğin beraberlikten kaçınmasıyla sona erer ve ne olup bittiğini anlayamayan kadın şaşkınlığıyla baş başa kalır. Bu tür ilişkiler bazen uzun da sürebilir, ancak erkek zaman zaman görünür ve kadınla birlikte olur, sonra uzun aralarla ortadan kaybolur. Sürekli evde oturup aranacağı anı bekleyen kadın, gerilimi arttıkça öylesine davranır ki, erkeğin daha da çok kaçmasına neden olur. Erkek ise neden böyle davrandığının ya da başka türlü davranması gerektiğinin bilincinde değildir. Böylece oluşan kısırdöngü, taraflardan birinin bunalımı belirli bir düzeyi aştığında ya da karşılıklı saldırgan eğilimlerin birden ortaya çıkması sonucu yaşanan bir olayla sona erer. Reddedici-bunaltıcı-baştan çıkarıcı annelerin oğullarında bu tür tutumlar daha sık görülür.

Bu tür davranışların kökeninde bilinçdışı zedelenme ve zedeleme korkuları bulunur. Kökenini çocukluk yaşantılarından alır. Bir kadını baştan çıkarmış olma, kabul edilmiş olmanın doyumunu sağlar (reddeden anneye karşı zafer). İlişkiyi sürdürme, beraberliğin içinde yok olma anlamına gelir (bunaltıcı anneden kaçma). Baştan çıkarma süreci ise kadınlara özgü edilgin yöntemlerle gerçekleştirilir (baştan çıkarıcı anneyle özdeşleşmiş olma). Cinsel davranışlar ise bazen kendi doyumunu ikinci plana bırakarak kadına en üst düzeyde doyum sağlamaya yöneliktir (kusursuz davranış bekleyen anneye kendini kabul ettirme). Kimi ise kadının gerçeklerini hiç göz önünde bulundurmadan yalnızca kendi narsisist isteklerine doyum sağlamaya çalışır (anne dölyatağına yeniden girebilmenin sağladığı güvenlik duygusu) ki böyle durumlarda önemli olan ilişki değil boşalmadır.

Boşalımın gerilim giderici etkisiyle gevşeyen erkeğin sırtını dönüp uyuması ise kadının çileden çıkmasına neden olur. Çoğu kadın böyle durumlarda "kullanılmış olma"nın öfkesini taşır. Aslında her iki taraf da bir yandan birbirinden korkmakta ve birbirine karşı bilinçli ya da bilinçdışı saldırgan eğilimler yaşamakta, diğer yandan da vaktiyle bulamadıkları sevgiye ulaşma umudunu taşımaktadır. Ancak sevginin nasıl yaşanacağı öğrenilememiş olduğu için ikisi de aslında birbirine sahip olmaya, dolayısıyla birbirlerini kullanmaya çalışmaktadır. Üstelik beklentiler, kadın ve erkeğin doğaları gereği birbirinden farklıdır. Örneğin olgunlaşamamış kadın cinsel birleşmeden çok, birleşme öncesi ilgiye önem verirken, olgunlaşmamış erkek tam karşıtı bir tutumla, yalnızca cinsel birleşme ve boşalma işleviyle ilgilidir. Sonunda doğal olarak kadın engellenmiş olur, erkek ise kendisine sadece anlık bir doyum sağlamış olur. Çünkü bu tür bir beraberlik gerçek bir ilişki değildir ve canlı bir nesneyle mastürbasyon yapmış olmaktan çok öte bir anlam taşımaz. Sonuçta, kadında olduğu gibi erkeğin yaşadığı duygu da yalnızlıktır. Gerilim gidermiş olmanın yarattığı gevşeme ve bir kadına "sahip" olmuş olmanın yarattığı zafer duygusu kısa sürer ve yerini boşluğa ve anlamsızlığa bırakır.

Kimi erkekte zedelenme korkuları cinsel iktidarsızlığa neden olabilecek denli yoğundur. Korkular bilinçaltının derinliklerinde tutulduğundan, bilinçli düzeyde kadınlara ilgi duymasına karşın cinsel organının neden uyarılmadığını anlayamaz. Böyle durumlarda karşı cinse ilişkin kaygılar bilinçdışı mekanizmalar yoluyla kadın cinsel organında odaklaştırıldığından, sorun yalnızca cinsel ilişki durumlarında ortaya çıkar. Karşı cinse yönelik diğer davranışlarda önemli bir aksama olmaz. Bir anlamda cinsel iktidarsızlık kadının orgazm olamamasının erkekteki karşılığıdır. Erkek cinsel organı gibi kadın cinsel organı da saldırgan bir bölge olarak algılanır. Erkek cinsel organının neden saldırganlığı simgeleyebileceği anlaşılabilir olmakla birlikte, edilgin bir yapıya sahip kadın cinsel organının bazı erkekler tarafından ürkütücü bir bölge olarak algılanması ilk bakışta yadırganabilir. Ama bu, mantık ötesi bir duygudur ve kadına ilişkin korkularını bu bölgede yoğunlaştırdığı düşünüldüğünde, bazı erkeklerin bir kadınla ilişkide bulundukları takdirde cinsel organlarını yitirebilecekleri biçiminde bilinçdışı bir korku yaşamaları şaşırtıcı bir sonuç olmayabilir.

Cinsel kimliğine ilişkin kaygıları olan bazı kadınlar nasıl "efe kadın" tutumları benimseyerek güvensizliklerini ödünlemeye çalışırlarsa, cinsel kimliklerini yeterince geliştirememiş bazı erkekler de meydan okuyucu ve saldırgan davranışlarla güçsüzlüklerini ödünlemeye çalışırlar. Aslında dikkatli bir gözle bakıldığında, böylesi gürültücü ve abartılı davranışların gerisindeki çocuksu edilginlik kolayca fark edilebilir. Üstelik bu erkeklerden bazılarının kadınlarla olan ilişkilerini mazoşist taraf olarak yaşamalarını gözlemlemek de şaşırtıcı bir çelişkidir.

Ortakyaşam kurma öyle güçlü bir eğilimdir ki bazı insanlar duygusal dünyalarını tümden bu tutku çevresinde yaşarlar. Böyle bir insan yalnız kalmaya katlanamaz. Güzel bir manzarayı seyrederken sevdiği insanın kendisiyle birlikte olmamasının ya da bu yaşantısını paylaşabileceği birinin bulunmamasının üzüntüsünü yaşar. Bu duyguların arada bir yaşanması evrensel nitelikte ve insanca bir olgu olmakla birlikte, sürekli olarak kişiyi egemenliği altına aldığında durum farklılaşır. Örneğin, insanlar vardır, dostlarıyla birlikte kalabalık bir yere gittiklerinde orada gözleriyle birini arar ve o kişinin haberi olmaksızın onunla bir ilişkiyi düşlerler. Benliklerini bir başka insanla tamamlama eğilimi o denli güçlüdür ki, birlikte oldukları dostları ve orada yaşananlar ikinci planda kalır ve bu gerçekdışı olgu gerçeğe yeğlenir. Üstelik bu olgu kişinin bulunduğu her yerde ve koşullar ne olursa olsun yeniden yaratılır ve yaşanır.

Birlikte oldukları kişiyle cinsel ilişkide bulunurken başka birini düşleyen insanlar vardır. Gerçeği yaşayamamanın ve değerlendirememenin boşluğunu düşlerinde gidermeye çalışırlar. Bu, kadınlarda daha sık görülen bir eğilimdir. Bir ilişkiyi sürdürebilmek başlatmaktan daha zordur. Bir süreç olarak ilişki, kendini ortaya koyabilme yürekliliğini ve gereğinde bazı savaşımları gerektirir. Ne var ki çoğu kadın-erkek ilişkisinde taraflar birbirlerini yitirme korkusuyla duygularını aşırı oranda denetim altına alırlar. Olumsuz duyguların ketlenmesi olumlu duyguların da bastırılmasına, olumlu duyguların karşılık görmeyeceği kaygısıyla ketlenmesi ise olumsuz duyguların oluşumuna neden olur. Böylece birbirini yitirme korkusu sonucu oluşan karşılıklı kapanma, tarafların birbirlerine karşı alıngan tutumlar içine girmelerine, birbirlerinin davranışlarını yanlış yorumlamalarına yol açar ve ilişki yozlaşmaya başlar. İşte böyle bir noktaya ulaşıldığında, biriken ve duygusal ilişki çerçevesinde ortaya konamayan olumsuz duygular cinsel davranışlarda anlatım bulmaya başlar. Duygusal düzeyde yapılması gereken savaşların cinsel davranışlara yansıtılması süreklilik kazandığında, o ilişkinin onarılma şansı da iyice yitirilir. Çünkü bazı kendine özgü durumların dışında, cinsel uyumsuzlukların çözüm yeri cinsel alanın dışındaki davranışlardır.

Daha önce de belirtildiği gibi, ortakyaşam kurma eğiliminde olan kişilerin bir yanılgısı da, tüm çabalarını karşı cinsle olan ilişkilerine odaklaştırıp diğer insan ilişkilerini önemsememe eğilimidir. İlişki bir sanattır ve bu konuda karşı cinsle olan ilişkilerle genel olarak insan ilişkileri birbirinden soyutlanamaz. Bu nedenle bir insan bunların birinde çırak, diğerinde usta olamaz. Gerçi karşı cinsle ilişkiyle genel olarak insan ilişkilerinin kişinin yaşamındaki yerleri farklıdır, ama bu yukarıda savunulan görüşle bir çelişki yaratmaz. Çünkü bu farklılıktan ötürüdür ki biri diğerinin yerine geçemez. İnsan ilişkilerinde başarısız bir kişi bunun yarattığı boşluğu karşı cinsle olan ilişkisinde ödünlemeye çalışırsa, bu ilişki böyle bir yükü kaldıramayacağı için sonunda çöker ya da yozlaşır. Yine bunun içindir ki insan ilişkilerinde başarısız bazı kişiler günün birinde meçhul bir prens ya da prensesin gelip kendilerini kurtarmasını beklerler, ama çoğu kez bir ömür boyu beklerler. Bu eğilim kadınlarda daha yaygındır. Narsisist varoluşunun içerisinde benlik sınırları yapay olarak şişen böyle bir insan, kendisine yaklaşan karşı cinsten birine "kusurlar" bularak bir beraberliğe girmekten kaçınır. İncitme ve incitilme korkularının yanı sıra ilişki içinde yok olma kaygıları da bu tür davranışları pekiştirir. Bu insanların biriken bağımlılık eğilimleri öylesine yoğunlaşmıştır ki, bir ilişkiye girdiklerinde gerçekten de dağılabilirler. Diğer insanlarla ilişkileri biçimsel ve derinlikten yoksun olduğundan mutlak bir yalnızlığa gömülmeleri de kaçınılmaz bir sonuç olur.

Özellikle kadınlarda gözlemlenen bir diğer ortakyaşam kurma eğilimi ise simgesel-platonik bir nitelik taşır. Bir erkeğe yönelik olarak geliştirilen tutku uzaktan yaşanır. Duyguların doğrudan açığa vurulmadığı bu gibi durumlarda, seçilen erkek genellikle kadından daha yaşlıdır ve bazen durumun farkında bile değildir. Bir rahibenin peygamber İsa ile olan ilişkisini andıran bu tür tutumlarda kadın, tanrılaştırdığı erkeğe uzaktan tapınırcasına bir saygı geliştirir. Bazı olgularda bir ömür boyu sürebilen bu tür durumlar kökenini çocukluk yıllarında oluşan bir baba tutkusundan alır. Eğer erkek evliyse durum öylece kabul edilir ve platonizmin cinselliğe dönüştüğü bazı durumlarda bile "ikinci kadın" olmanın mazoşizmini sürdürmek yeğlenir. Bu, kazanılamayacak bir savaşa girmeme ya da mağdur kahraman kimliğinin mazoşizmini, zafer kazanan kahraman kimliğine yeğleme anlamına gelir. Böyle bir savaşı kazanmış olmanın getireceği sorumluluklardan kaçınılarak ana-baba-çocuk üçgenindeki kız çocuk rolü bir başka üçgen içerisinde sürdürülür.

Bu tür kadınların orta yaşa yaklaştıklarında bazen kendilerinden çok genç erkeklere tutuldukları da görülebilir. Aslında olgunlaşma düzeyi yönünden kendi yaşıtlarını seçmiş oldukları da söylenebilir. Çünkü böyle bir tutku, güçlü narsisist öğeleri de içerir. Seçilen erkek genellikle gençlik güzelliğini simgeleyen, ancak kendini ortaya koymaktan çekinen ürkek biridir. Kadın bu genç erkeğin kişiliğinde aslında kendi benliğini sever ve vaktiyle kendisine verilmesini dilediği sevgiyi ona vererek dolaylı yoldan kendi benliğine doyum sağlamaya çalışır. Yaşanan duygular belirli bir hüzün öğesini de içerir ve elden kaçırılan gençliği son kez ve dolaylı olarak yaşama umudunu taşır. Benzer mekanizma erkek eşcinselliğinin bir türünde de söz konusudur.

Ortakyaşam ilişkilerine genellikle eşlik eden güçlü bir duygu da kıskançlıktır. Bu duygu çoğu kez kökenini çocukluk yıllarına ilişkin çözümlenememiş kaygılardan (kız çocuğun babayı anneden, erkek çocuğun anneyi babadan kıskanması) almakla birlikte, yetişkin insan için bu olguyu olgunlaşamamış ve cinsel kimliğini yeterince geliştirememiş olmanın bir belirtisi olarak tanımlayabiliriz. Ancak böyle bir tanım kültürel etmenleri göz önünde bulundurmadığı için yeterli olmayabilir. Klasik psikanalizin kıskançlığı bilinçdışı eşcinsel eğilimlerin bir anlatımı olarak açıklaması da aynı nedenle, ancak bazı özel durumlar için geçerli olabilir. Kültürel etmenlerin nerede bittiğini ve kişisel sorunların nerede başladığını kestirmek her zaman kolay olmayabilir. Çünkü toplumun çeşitli sosyo-kültürel kesimlerine göre durumu farklı değerlendirmek gerekir. Ama eğer bir erkek ya da kadın bulunduğu her toplulukta birlikte olduğu kişiyi kıskanacak birini buluyorsa, yaşanan duygunun kişisel bir sorunun anlatımı olduğu düşünülebilir. Üstelik kıskançlığa konu edilen üçüncü kişi çoğu kez böyle bir duyguya neden olabilecek davranışlarda bulunmayan biridir. Ne var ki, erkek kendisinden daha güçlü olduğunu varsaydığı bir diğer erkeğin, kadın kendisini gölgede bıraktığını sandığı bir diğer kadının varlığından tedirgin olur. Çünkü kendisinde eksik olduğuna inandığı şeylere bu insanın sahip olduğu sanısındadır. Ancak bilinçli düzeyde bunu böyle yaşamaz ve kendi dışında bir ilişkinin başlamakta olduğuna ilişkin ipuçları arar ve sonunda bunları üretir de.

Bu öyle acı verici bir duygudur ki, kişiye bir kez egemen olduğunda mantıkdışı davranışların gelişmesine kolayca yol açabilir. Ortakyaşam ilişkisi yaşayan insanların aşırı bağımlılıkları ve kimliklerine ilişkin yetersizlik duyguları göz önünde bulundurulduğunda, yaşanılan terk edilme paniğinin yoğunluğu ya da bir başkasının kendisine yeğlenme olasılığının narsisizmine indirdiği darbenin ağırlığı anlaşılabilir. Durum kıskanılan kişi için de oldukça can sıkıcıdır. Arada bir kıskanılmış olmak bazı insanlar için benliği okşayıcı bir etki yaratabilirse de gerçekdışı olayların nedeni olarak sürekli suçlanmak insanı bunaltır ve birlikte olduğu kişiye saygısını yitirmesine neden olur. Öyle ki suçlamalara konu edilen bazı kişilerin sonunda olayı gerçekleştirerek bir tür öç alma yoluna gittikleri bile görülür.

Ortakyaşam ilişkisi kurma eğiliminde olan bir kadın ve bir erkeğin kuracağı beraberliğin mutlu bir süreç olması beklenemez. Bu tür bir beraberliğin ürünü olan çocukların da benliklerini geliştirebilmek için gerekli ortamın bulunmayışı nedeniyle, ortakyaşam ilişkisi kurma eğilimi gösteren bireyler olarak yetişkinliğe ulaşmaları beklenir. Bu gerçekten de çoğu kez böyle olmakla birlikte kesin bir beklenti değildir. Her şeyden önce, genel olarak insan ilişkileri ve bu arada ana-baba ve çocuk ilişkileri öylesine karmaşık bir dinamizmi içerirler ki bunların tümünü birden değerlendirebilmek olanakdışıdır. Ancak sağlıksız bir beraberliğin ürünü olan çocuklar, çoğu kez ana-babalarının kendi geçmişlerinden getirdikleri ve evlilikleri içinde yaşadıkları sorunların aktarıldığı nesneler olurlar.

Evliliğindeki mutsuzluğunu ve yalnızlığını oğluyla gidermeye çalışan bir anne, gerçekleşmemiş beklentilerini oğluna yüklemeye çalışan bir baba, kendi annesine ilişkin sorunları kızına aktararak ona yönelik kıskançlık nöbetleri yaşayan bir baba, erkeklere yönelik öfkesini kızına aşılayan bir anne, kendi annesine ilişkin sorunları çözememiş olduğu için eşinin oğullarına gösterdiği ilgiyi kıskanan bir baba, vb. durumlar, çocukların gerek benliklerinin gerekse cinsel kimliklerinin gelişimini aksatan etmenlerdir. Özellikle ara kuşağın kendinden önceki kuşakla yaşadığı sorunları kendisinden sonraki kuşağa aktarış biçimi oldukça ilginç bir olgudur ki bu bazen çocuklara verilen "göbek adları"nda simgeleşir. Annesinden alamadığı sevgiyi kızından bekleyen bir baba ya da ulaşamadığı baba sevgisini oğlunda bulma umudunda olan bir anne gibi örnekler sorunların bir kuşaktan diğerine aktarılmasına neden olabilir. Ancak yine de bu olguların kesin bir örüntü izlediği söylenemez.

Bu bölümde tartışılagelen konuların çoğunda, özellikle cinsel kimliğin gelişimi açısından, anneye babadan daha çok önem tanınmış olduğu okuyucunun da dikkatini çekmiş olabilir. Toplumumuzun daha çok babaerkil bir yapıya sahip olduğu görüşü egemen olmakla birlikte, bunun gerçekte böyle olup olmadığı son derece titiz bir incelemeyi gerektirmektedir. Ancak hiç olmazsa çocuklar söz konusu olduğunda toplumumuzdaki aile yapısının güçlü bir anaerkil öğeyi içerdiği söylenebilir. Çocuklara ilişkin son söz hakkı genellikle babaya ait olmakla birlikte verilen karar aslında annenin etkisinde oluşur. Üstelik toplumumuzda çocuklarla sürekli etkileşim durumunda olan annedir. Son yirmi yılda aile yapısında hızla oluşan değişikliklere karşın yine de çoğu ailede baba çocuklarından soyutlanmıştır. Dolayısıyla çocukların babalarını yeterince tanıma olanakları da sınırlanmıştır. Bir kız çocuğu için karşı cinsin ilk temsilcisi olan babaya gereğince yaklaşamamış olmak ya da bir erkek çocuğun babasını ürkütücü biçimde güçlü ya da anneye oranla güçsüz bir varlık olarak algılaması, cinsel kimliklerinin gelişimini kaçınılmaz biçimde etkiler.

Aslında bunların kökeninde geleneksel aile yapısından çağdaş aile yapısına geçişin getirdiği sorunların rolü de önemlidir. Kadın ve erkeğin rollerinin çok belirgin olduğu geleneksel aile yapısında, çocuklar gördükleri modeli sonradan kendi yaşamlarına uygulayabildikleri sürece büyük bir sorun yaşanmazdı. Kadınların ve erkeklerin farklı dünyaları birbirini tamamlayıcı nitelikte olduğu için roller de birbirine karışmazdı. Oysa günümüzde kadın-erkek beraberliği ve aile yapısı, temelde etkisini yitirmemiş olan geleneksel eğilimlerin üzerine çağdaş tutumlar geliştirmenin çelişkilerini yaşamakta. Bu çelişkiler özellikle kadınların bocalamasına neden olmakta ve bir yandan geleneksel günlerden kalma duygusal beklentileri hâlâ canlılığını korurken, öte yandan erkeklerin egemen olduğu bir dünyada onlarla eşit olma savaşımı vermeye çalışmaktadırlar. Böyle bir çelişki kadının eşitlik ve özgürlük tanımında yanılgılara ve belirsizliklere düşmesine neden olmakta, erkek de kadının kadınlık rolüne ilişkin bocalamalarından doğrudan etkilenmektedir. Aslında kadınla erkeğin kendilerini eşit hissetmeleri için mutlaka aynı toplumsal statüye sahip olmaları gerekmez. Önemli olan kadının kendine saygı duyabileceği bir ortamın yaratılabilmesidir. Kendine saygı duyan kadına erkekler de saygı duyar. Öte yandan erkek, erkeklik kimliğini biçimsel olarak tanımlamaya çalıştığı sürece, kadının da kendi çelişkilerine biçimsel olmayan çözümler getirebilmesi beklenemez. Bir başka deyişle, kadın ve erkeğin karşılıklı saygı duyabilmeleri birbirinden soyutlanamaz ve her ikisinin de kendi toplumsal ve cinsel kimliklerini gerçekçi bir biçimde tanımlayabilmiş olmaları koşulunu içerir.

Bu sorunların gerisinde, kadın ve erkeğin geçmişte birbiriyle arkadaş olabilmelerini engelleyen geleneksel bir yapının varlığı söz konusudur. Gerçi bu yapı, kadın-erkek ilişkilerinde bir rol kargaşasını önlemiştir, ama kadın kadınlar dünyasında, erkek erkekler dünyasında ilişkilerini sürdürdükçe iki tarafın birbirlerinin kendine özgü dünyalarını tanıma olanakları kısıtlanmıştır. Bunun sonucu geleneksel ailede eşlerin her biri, diğerinin kendisini nasıl algıladığını bildiği sanısındadır. Genellikle yanılgılarla dolu olan bu varsayımların geçerliğini araştırma zahmetine de girişilmez. Sorunlar da eşlerden birinin diğerinin ne düşünmekte olduğunu gerçekten bildiğini sanması ve davranışlarını bu varsayıma göre ayarlamasından kaynaklanır. İlginç olan yön de diğer eşin, aslında düşünceleri öyle olmadığı halde, kendisine mal edilen düşünceler doğruymuşçasına davranmasıdır. Bu kopukluklar iletişimin kurulamamasından değil, yanlış kullanılmasından kaynaklanır. Eşler içlerinden geldiğince duygusal tepki davranışları verecekleri yerde, daha az tehlikeli buldukları konuşma yolunu seçerler. Ancak, eşlerin söyledikleri ile yaptıklarının birbirinden farklı olması iletişimi bozduğundan ilişki kopukluğu da kaçınılmaz bir sonuç olur.

Geleneksellikten çağdaş aile yapısına geçiş, ekonomik koşulların zorlanması ve bu tür değişiklikleri daha önce gerçekleştirmiş toplumlara ilişkin örneklerin kitle iletişim araçlarıyla sürekli aktarılması sonucu, gereğinden hızlı bir biçimde gerçekleştirilmeye zorlanmaktadır. Bu değişiklikler, örneğin babanın çocukların sorumluluğuna doğrudan katılması gibi bazı olumlu sonuçları da birlikte getirmektedir, ama bu tür bir değişiklik bazı anneleri hâlâ tedirgin etmektedir. Çünkü yeni dengeler kolay kurulamaz. Günümüzün genç çiftlerinde babalar da çocuğun bakımıyla ilgilenmekte ve eşlerine yardımcı olmakta. Üstelik bu konuda oldukça da başarılılar. Ancak böyle bir durum bazen annenin güvensizliğe kapılmasına ve çocuğuna yabancılaşmasına bile neden olabiliyor. Çalışan bir kadının akşam eve geldiğinde kalan zamanının çoğunu yemek ve bulaşığa ayırması somut bir eşitsizliğe neden olmakta. Ancak toplumsal yapı, bulaşık yıkayan bir erkeğin kendisini hadımlaştırılıyormuş hissetmesini pekiştirici tutumlardan henüz arınmış da sayılmaz.

Günümüz evliliklerinde önemli sorunlardan biri de eşlerin "çift" olarak algılanmasından kaynaklanır. Birbirine yakışan bir çift olarak algılanmak hoş bir duygu olmakla birlikte, özellikle ortakyaşam eğiliminde olan kişilerin bu geçici duyguya kapılmaları sonradan can sıkıcı bir durum alabilir ve iki tarafın birbirini beraberlikleri içerisine kapatmaları evliliğin giderek daralan bir tünele dönüşmesine yol açabilir. Sonunda, yerine getirilmesi gereken görevler dizisinden başka bir şey kalmaz. Aslında evliliğin eşlerin kişisel gelişim olanaklarını engellememesi gerekir. Ancak içinde yaşadığımız toplum yapısında bu gerçekleştirilmesi oldukça güç bir durumdur. Çünkü toplum genel olarak hâlâ, evlilik içerisinde eşlerin bireyleşme çabalarını sürdürmelerini evlilik kurumuna karşı bir tehdit olarak algılamakta ve gerçeğin bunun tam karşıtı olduğunu değerlendirememektedir. Bu durum ise zaten kendilerine karşı sorumluluklarından kaçınma eğiliminde olan kişiler için doğal bir sığınak sağlamakta, ama bunun daha ciddi bazı ikincil sorunları da beraberinde getirdiği gerçeği gözden kaçırılmaktadır.

Daha önce de belirtildiği gibi, kadınla erkeğin birbirlerinin gerçeklerini anlayabilecek bir arkadaşlık düzeyini gerçekleştirememiş olmalarının, çocuklarıyla olan ilişkilerine ne oranda yansıyacağını kestirebilmek oldukça güçtür. Duygusal düzeyde bir beraberliği gereğince öğrenememiş olmanın, bir sonraki kuşağa öğretilebilecekleri de çeşitli biçimlerde sınırlayacağı beklenebilir. Çocuğun ana-babasıyla olan ilişkisi, belirli öğrenme kurallarının ötesinde, yaşantı yoluyla öğrenmeyi de içerir. Özellikle taslak halindeki cinsel dürtülerin belirmeye başladığı çocukluk yıllarında doyurucu bir duygusal yaşantıdan yoksun kalma, çocuğun karşı cinsten olan ana ya da babanın beden bölgelerine yönelmesine neden olabilir. Bir başka deyişle, duygusal yoksunluk, önce ana ya da babanın beden bölgelerine, yetişkinliğe ulaşıldığında ise karşı cinsten kişilerle sevgi ve duygusal paylaşmanın eşlik etmediği cinsel beraberlikler kurma eğilimine dönüşür. Sevgi umudunun yitirilmiş olması sonucu oluşan bu eğilimlerin bilinçdışı kızgınlık duygularını da birlikte taşıması doğaldır. Bazı erkeklerin, birlikte oldukları kadına duygusal yakınlık göstermeden, hatta duygularını hiç dile getirmeden bedensel yaklaşım girişiminde bulunmalarının nedeni budur. Daha az olgunlaşmış toplum kesimlerinde bu, erkeğin kadına saldırması biçiminde bile ortaya çıkabilir. Bu tür davranışlar, geçmişte verilmeyen ve şimdi de verilmeyeceğine inanılan sevgiyi zorla alma isteğinin, bir başka deyişle korku, güvensizlik ve öfke duygularının anlatımıdır. Ama sevgiden ve paylaşmadan yoksun cinsellik sevgisizliğin yarattığı boşluğu ortadan kaldıramadığı gibi, bu tür davranışların sürekli yinelenmesi sevgiye giden yolun daha da kapanmasına ve ömür boyu sürecek bir kısırdöngünün yerleşmesine neden olur. Toplumda kadın ve erkeğin birbirine yabancılaşması süregeldikçe, birbirlerini sahip olunacak nesneler olarak değerlendirme eğilimleri de kaçınılmaz bir sonuç olarak varlığını sürdürür. Toplumun bazı kesimlerinde genç çiftlerin bunun üstesinden gelme yönünde gösteregeldikleri çaba umut verici olmakla birlikte, köklü eğilimlerin değişime uğrayabilmesi için uzunca bir süreye ihtiyaç olduğunu da kabul etmek gerekir. Çünkü bu tür bir değişim kişiliğin diğer yönlerinden soyutlanmış olarak gerçekleştirilemez. Üstelik insan davranışlarında ikiyüzlülüğü pekiştirici kuralların hâlâ geçerli olduğu toplumlarda bireylerin bir benlik bütünlüğüne ulaşması söz konusu olamaz. Bir başka deyişle, çağdaş dünyanın gerçekleriyle ve kendi tarihsel mirasını uzlaştırıcı bir yaşam felsefesi geliştirememiş toplumların, kronolojik yaşıyla orantılı olarak olgunlaşmış bireyler üretebilmelerini beklemek bir ütopyadır!

Nevrotik Kısırdöngü

ÖNCEKİ bölümlerde ayrı başlıklar halinde tartışılan süreçler aslında birbirlerine geçişmiş olgulardır. Kusurlu ana-baba tutumları sonucu bazı insanlar yetişkin yaşam için gerekli davranışları yeterince öğrenemezler. Engellenmiş olmanın yarattığı düşmanlığı denetleme güçlüğü, kişinin diğer insanlar karşısında korku ve değersizlik duyguları yaşamasına neden olur. Bu duygulardan kurtulabilmek için geliştirilen başarısız yöntemler, kişinin kendisini yalnız ve çaresiz hissetmesine, diğer insanlarla ilişkilerinde sevgi yerine güvenlik sağlamaya yönelik amaçların egemen olmasına neden olur ve yetersizlik duygularına sürekli bir kaygı eşlik eder. Ancak asıl önemli olan, bu duygu ve davranışların bir kısırdöngüye dönüşmesi ve kişinin farklı insanlarla ilişkilerinde ve farklı durumlarda sürekli aynı yanılgılara düşmesidir.

Aslında insanlar, nevrotik olanlar ya da olmayanlar diye gruplara ayrılmazlar. Önemli olan kısırdöngülerin hangi oranlarda hayatımıza egemen olduğudur. Bu nedenle, ilerideki paragraflarda karşılaşılacak "nevrotik kişi" deyimiyle, yalnızca böyle bir döngü içinde "sürüklenmekte" olan kişilerin tanıtılmaya çalışıldığını vurgulamakta yarar olabilir.

İnsan günlük yaşamında da sık sık zorlanmalarla karşılaşır. Ortalama insan bunlarla baş edebilmek için etkin yöntemler geliştirmeye çalışır, geliştirdiği yöntem uygun değilse başka yolları dener ve çoğu kez başarır da. Başaramadığı durumlarda ise yenilgisiyle yüzleşecek yürekliliği gösterdiğinden bundan ders alabilir ve yitirdiklerine karşılık bazı şeyler de kazanabilir. Çünkü çoğu kez deneyim dediğimiz şey geçmişte yaptığımız yanlışlardır. Oysa nevrotik kısırdöngüye kapılmış kişi, zorlanma durumlarını yenmek için çaba göstereceği yerde onlardan kaçınmaya çalışır. Bu davranışlarının çıkarlarına ters düştüğünü ve katılığının farklı çözüm yollarını görebilmesini engellendiğini görmezden gelir. Mantıkdışı ve uyumsuz nitelikteki davranışlarının farkındadır, ama bunları sürekli zihninden uzak tutmaya çalışır.

Nevrotik kişi, mutsuz, kaygılı, çevresiyle ilişkilerinde etkisiz ve suçluluk duyguları içinde yaşayan biridir. Ancak davranışlarının uyumsuz niteliklerine karşın dünyayı algılayışında ciddi sapmalar ve kişiliğinde önemli ölçüde bir bozulma yoktur. Tehlikeye karşı aşırı duyarlıdır. Çok sayıda durumun tehlikeli olarak değerlendirilmesi ise algılamanın daralmasına yol açar. Bunun sonucu, organizmaya ulaşan bilgiler kısıtlanır ve benlik ile gerçeklik arasında bir uyuşmazlık oluşur. Dolayısıyla kendi davranışları gibi diğer insanların davranışlarını da anlamakta güçlük çeker. Bir yandan durumundan yakınırken, öte yandan bu durumun kendisinden kaynaklandığını göremez. Sorunlarının ve savunmalarının temelindeki nedenleri anlayabilse bile, kendisine güvenlik sağladığını sandığı davranışlarını değiştirmemeyi yeğler. Yaşamını zenginleştirebilecek nitelikte ve daha etkin yöntemleri öğrenebilme olanaklarından yoksun kalır.

Tehlikenin sürekli varlığı ve algılamanın daralması kişinin tüm dikkatini kendi üzerine toplamasına neden olur. Nevrotik insan sürekli olarak kendi duyguları, kendi umutları ve kendi sorunlarıyla ilgilidir. Güvensizlik ve çaresizlik duyguları sonucu bir ölüm-kalım savaşı vermekte olduğunu varsaydığından, kendini merkez olarak almanın gerekliliğine inanır. Tüm çabası kendi bütünlüğünü korumaya yönelik olduğundan diğer insanlarla ilgilenmez ve onlara verecek pek az şeyi olur. Yetersizlik duygularından kurtulabilmek amacıyla güçlü bir eş arar, ona tutunarak yaşamını güvenlik altına almaya ve bir anlam bulmaya çalışır. Ancak bu umutlar, kendi yetersizliği sonucu düş kırıklığıyla sonuçlanır. Kendinde olmayan güveni çevresinden sağlayabilmek için diğer insanların onay ve desteğini sağlayıcı tutumlar geliştirir. Ama böylesi davranışlar diğer insanlar üzerinde bir yük yarattığından onların giderek kendisinden uzaklaşmasına neden olur. Kimi ise yoğun çaresizlik duyguları içinde düşman gördüğü dış dünyaya karşı kendisini korumak amacıyla saldırgan davranışlar geliştirir. Böylesi bir insanın davranışlarına diğer insanlarla sürtüşme ve yarışma eğilimleri egemendir. Yumuşak duygular baskı altına alınır; sert, kararlı ve gerçekçi ama katı tutumlar geliştirilir. Diğer insanları denetim ve egemenlik altına alma, onları kendi çıkarları için sömürme ya da geride bırakarak küçük düşürme, yaşamın başlıca amacı olur. Kimi ise diğer insanlardan duygusal bir soyutlanma içine gömülür. Bağımsız ve kendine yeterli olmaya çalışarak kendisini çevreden koruduğuna inanır.

Nevrotik kişi çoğu kez kendisine ve başkalarına karşı sorumluluklarını yerine getirmediğinin farkındadır. Kendine dönüklüğü ve diğer insanlara yönelttiği bencil istekleri suçluluk duyguları yaşamasına neden olur. Bunlarla birlikte gelişen yetersizlik duyguları ve çoğu kimsenin olağan karşıladığı durumlarda kaygıya kapılma eğilimi, nevrotik insanın sürekli doyumsuz ve mutsuz olmasına neden olur.

Davranışlarının sürekli doyumsuzlukla sonuçlanmasına karşın kişinin böylesi bir yaşam biçimini sürdürmekte direnmesi nevrotik kısırdöngünün karakteristik bir çelişkisidir. Bu çelişki, gerçekdışı tehlikelerin sürekli algılanmasından ve yaşanan kaygılardan bir an önce kurtulabilme isteğinden kaynaklanır. Nevrotik kişi acelecidir, bir zorlanmanın ilk belirtilerini fark ettiğinde durumun gerçekten tehlikeli olup olmadığını sınamaksızın kaçınma tepkisi geliştirir. Karşılaştığı durumlara karşı kısa vadeli çözümler geliştirdiği için etkin olamaz. Aşırı duyarlığı, zorlanma → kaygı → kaçınma → kaygı döngüsünün oluşumuyla sonuçlanır. Bu duyarlık giderek artan ve yalnızca kaygı yaratan durumların yaklaşmasıyla değil, böyle bir olasılığın bulunduğu durumlardan da kaçınmasına neden olur. Böylece yaşam alanı da giderek daralmaya başlar. Örneğin, çevrenin ilgi ve hayranlığını toplama çabasında olan biri için, bu beklentisinin gerçekleşmeyeceğini sandığı durumlar tehlikeli olarak algılanır ve dolayısıyla böyle bir insan yalnızca ön planda olabileceği ortamlara katılabilir.

Nevrotik kişinin bir diğer ilginç özelliği, aynı hataları art arda yineleme eğilimidir. Örneğin kendi ihtiyaçlarını bir yana iterek davranışlarını hoşlandığı erkeğin beklentilerine göre ayarlayan bir kadın bir süre sonra bu erkeği yitirebilir. Çünkü giderek egemenlik kurma eğilimine dönüşen tutumu erkeğin özgürlüğünü özlemesine neden olabilir. Ancak bu olumsuz sonuçtan ötürü erkeği suçlayarak ya da tüm erkeklerin bencil olduğu konusundaki inancını pekiştirmeye çalışarak kendi katkısını göremeyebilir. Bu nedenledir ki, ikinci bir ilişkiye girdiğinde davranışlarına hiçbir değişiklik getirmeksizin eski tutumunu yeniden sürdürebilir ve doğal olarak aynı olumsuz sonuçla karşılaşır. Ve bu böylece sürüp gider. Sevgi açlığı içinde olan bir diğeri, kendisiyle ilgilenen her insanın kendisini sevdiğine inanabilir ve kendisinin de onu sevip sevmediğini anlamaya çalışmaz. Sevgi uğruna kendi benliğini ortadan silerek diğer insanları hoşnut etmeye çalışması sonucu sömürülebilir ya da ciddiye alınmayabilir ve bunu fark ettiğinde de yoğun bir kızgınlık yaşayabilir. Bu kızgınlığını dışavurduğunda, çevresindeki insanlar onun uysal davranışlarına alışmış oldukları için kendisi suçlu duruma düşebilir ve böyle bir sonuç öfkesinin daha da artmasına neden olabilir. Yaşadığı öfke bu durumu aslında kendisinin yarattığını görmesini engeller ve bunun sonucu insanların ikiyüzlü ve nankör olduğu biçiminde aşırı genellemelere kapılırsa, benzeri hataları sürekli yineleyebilir.

Nevrotik kişinin benzer yanılgıları sürekli yinelemesinin gerisinde, kendi sorumluluğunu görmezden gelmesinin yanı sıra, bilinmeyenin korkusu da bulunur. Bir pervanenin ışığa yaklaşıp sonunda aşırı ısıdan ölmesi onu izleyen insana nasıl mantıkdışı görünürse, nevrotik kişinin kendisi için zararlı davranışlarını art arda yinelemesi de o denli şaşırtıcıdır. Oysa nevrotik kişi, kendine dönük yıkıcı davranışlarını yinelemekle, kendisini bilinmeyenin yıldırıcı ürküntüsünden korumaya çalışır. Bu nedenle aksak da olsa alışageldiği, nasıl başlayıp nasıl sonlanacağı önceden belli olan senaryoları her defasında yeni bir olay yaşıyormuşçasına gerçekleştirir. Alışageldiğinin dışına çıkmak ve daha önce denememiş olduğu davranış biçimlerine başvurmak onun için o kadar korkutucudur ki, farklı seçeneklerin de olabileceğini göremez.

Nevrotik kişi, ilişkilerinde bencil ve tutarsızdır. Sorunların işbirliğiyle çözümlenebileceğini öğrenememiştir. Bazen üstünlüğünü kanıtlamak için insanlarla yoğun bir ilişkiye girer, kendisini eksik ve yetersiz bulduğu zamanlarda ise onlarla karşılaşmamaya çalışır. İlişkilerinde aşırı bağımlıdır, ancak bunu üstü kapalı bir biçimde yaşar. Kendisine ait sorunları başkalarının çözümlemesi için çaba harcar, kendisine güç görünen durumlardan kaçınmak için türlü özürler yaratır. Üstelik bu sorunların üstüne gittiği zaman harcayacağı enerjiden çok fazlasını tüketerek. Tüm çabasını kaçınma tepkilerine yöneltmiş olduğu için nevrotik kişinin etkinlik düzeyi düşüktür. Aksak ödünleme çabaları sorun çözme yeteneğinin gelişmesini de engeller. Sorunlara çözüm bulmak düşüncede belirli bir esnekliği gerektirir. Oysa nevrotik kişinin düşünce sistemi katı ve değişmez niteliktedir. Belirli tür olaylardan özellikle korkar ve onlarla gerçekten de baş edemez, böyle durumlarla her karşılaştığında yeniden yenilgiye uğrar.

Nevrotik kişi daha kolay bir çözümü göremediği için bunun ötesinde bir çare arar. İçinde bulunduğu durumları kendi içsel dünyasına göre algılar ve çevresindeki olayların kendisi ile ilgili olup olmadığının ayrımını yapmakta güçlük çeker. Örneğin kalabalık bir yerde karşı cinsten biri yanındakilerle gülüp konuşurken bir an için kendisine gözü takılsa bunu hoşlanma belirtisi olarak değerlendirebilir. Kendisine ilişkin bazı sıkıntılar yaşadığı için yeterince ilgi gösterecek durumda olmayan bir dostunun gerçekleriyle ilgileneceği yerde, onun kendisini reddettiği sanısına kapılabilir. İstediği bir şeyi verecek durumda olmadığı için veremeyen birini ya da yalnızca belirli bir davranışını eleştiren bir diğerini, tüm varlığını reddetmiş kişiler olarak algılayabilir ve onlara düşman olur. Tepkilerini ve yorumlarını genelleştirme eğilimindedir. Tek bir kişiden duyduğu ve doğruluğu kanıtlanmamış bir olayı, çevresine "herkes" öyle söylüyor biçiminde aktarır. Başka bir ülkeden ya da yöreden gelen biriyle tanışsa, o kişinin özelliklerini geldiği ülkenin ya da yörenin insanlarının ortak bir özelliği gibi değerlendirir. Olayları "siyah" ya da "beyaz" biçiminde algılar. Yaşadığı durumlarda kendisini ya tümden reddedilmiş ya da kayıtsız şartsız kabul edilmiş olarak yorumlar. İnsanları ya aşırı olumsuz ya da aşırı olumlu bir biçimde değerlendirir. Aynı insanı farklı dönemlerde, kendi nevrotik ihtiyaçlarını karşılayıp karşılamadığına göre, çok olumsuz ya da çok olumlu bir biçimde değerlendirir. Bu tür davranışlar onun narsisizminin doğal bir sonucudur.

Daha önce de belirtildiği gibi, nevrotik kişi ya davranışlarını sürekli ketler ve yaşam alanını daraltır ya da kendi tepkilerini denetleyeceği yerde, kendisini korkutan durumları denetimi altına almak için saldırgan davranışlarda bulunur. Çoğu kez istediği şeyleri yapamadığından ve olaylarla baş edemediğinden yakınır. Gerçekte bu, yapamamaktan çok, yapmak istememek, bir başka deyişle etkinlikten korkmaktır. Bu nedenle belirli durumlardan kaçınmak için nedenler ve özürler bulabilir, karar vermeyi ve eyleme geçmeyi sürekli erteleyebilir ya da bir olay karşısında eyleme geçme ve geri çekilme biçiminde tepkilerle o durumu sallantıda bırakabilir.

Nevrotik kişi davranışlarından kendini sorumlu tutmaz, çevresindeki olayların kendi istemi dışında oluştuğuna ve onlara yön verebilmenin kendi elinde olmadığına inanmıştır. Duygularına suçluluk ve kızgınlık egemendir, sevgiyi fark edebilmede güçlük çeker ve kendini sürekli haklı bulur. Olayları yanlış yorumladığından davranışlarını yönlendirmede sürekli aksaklıklarla karşılaşır.

Kendine özgü bir dünya görüşü geliştiren nevrotik kişi, olayları diğer insanlar gibi değerlendiremez. Görüşlerine uymayan olayları görmezden gelir ya da olayların yalnız kendi görüşlerine uyan bölümlerini algılar. Bu nedenle kendi davranışlarını da gerçeğe uymayan bir biçimde tanımlar. Örneğin saldırganca bir davranışta bulunduğu bir insanın kendisine gösterdiği karşıt tepkiyi, ortada hiçbir neden yokken kendisine yöneltilmiş düşmanca bir davranış olarak görür ve olayı aktarırken kendisini haksızlığa uğramış biri olarak anlatır.

Nevrotik kişi olaylar hakkında derhal yorum yapar. Yeterince veri olmaksızın yaptığı bu yorumların doğru olup olmadığı üzerinde hiç düşünmez. Örneğin, tanıdığı bir erkekle bir kadını birlikte gördüğünde derhal aralarında bir ilişki olduğu sonucuna varır ve üstelik bunu gerçekmişçesine çevresine aktararak düşmanca eğilimlerine doyum sağlar. Nevrotik kişi düşüncelerini aşırı soyutlama eğilimindedir. Bir olay karşısında yaşadığı duyguları yansıtacak bir tepki vereceği yerde, durumu iyi ya da kötü gibi soyut kavramlarla yargılama eğilimi gösterir. Eksiklik-üstünlük yönünden kendi durumunu diğer insanlarla karşılaştırırken de yanılgıya düşer. Üstünlüğünü de eksikliğini de abartarak değerlendirir.

Nevrotik kişi sürekli kendini gözlemler, kendisini aşırı ölçüde eleştirir, küçük ve değersiz bulur. Çevresinde değersizliğini kanıtlayacak ipucu bulabilmek için olmadık yanlış yorumlarda bulunur ve sürekli bunun acısını yaşar. Değersizliğini görmemek için çoğu zaman davranışlarını kısıtlar; ancak bu kez de kendisini ortaya koyamamış olmanın getirdiği değersizlik duygularına kapılır. Davranışlarından ve onların yaratacağı sonuçlardan sürekli kaygı duyar. Bu nedenle, diğer insanların kendi hakkında düşündükleri onun için büyük önem taşır.

Bu duygulardan kurtulmak için geliştirdiği çabalar diğer insanları yoksun bırakmaya ve küçük düşürmeye yönelik olduğu için, nevrotik kişi geliştirdiği amaçlara ulaşsa da kendisini değerli bulamaz ve toplum içerisinde gerçek anlamda bir saygınlık kazanamaz. Nevrotik kişinin üstü kapalı saldırgan eğilimleri çeşitli biçimlerde ortaya çıkabilir. Narsisizmi sonucu kendi görkemine inanan nevrotik kişi, diğer insanları bu görkeme ulaşamadıkları için küçümser, olduğu biçimiyle dünyayı ya da başka bir deyişle gerçeği eleştirir. Kimi ise diğer insanların sorunlarıyla içtenlikle ilgileniyormuşçasına tutumlar geliştirir. Ama bunu yaparken, bu insanlar kendi sorunlarını çözümleyemezmişçesine davranır ve çevresindekilere öğütler verir. Kimi ise görkemini alçakgönüllülük görüntüsüyle çevresine kabul ettirmeye çalışır ve onları kendisine yönelik övgüye zorlar. Alçakgönüllülük toplumca onaylanan bir nitelik olduğu için, ustaca sergilenen bu tür bir oyuna diğer insanların hiç olmazsa bir süre için kapılmalarını da doğal karşılaması gerekir. Oysa gerçek anlamda alçakgönüllülük sözlerde değil, davranışlarda anlatım bulur. Bir insanın kendisini olduğu gibi kabul edebilmiş olmasının ürünüdür. Gerçekten de nevrotik kişi önce çevresini kışkırtır, sonra ortaya çıkan durumdan yararlanmaya çalışır. Örneğin kendisini haksızlığa uğramış ya da değeri fark edilmemiş bir insan görüntüsüyle sergilemeye çalışan kişi bir diğer insanla beraberliğinde öyle davranışlarda bulunur ki karşı taraf onu gerçekten horlamak zorunda kalır. Bu durum ona saldırgan davranabilme ya da kişiyi saygısızlıkla suçlama, küçümseme ve üstelik olgunluğundan ötürü kendini kutlama olanağını sağlar. Nevrotik kişi bu senaryolarında öyle ustadır ki, oyununa gelmemek de insan ilişkilerinde usta olmayı gerektirir.

Nevrotik döngünün yukarıda sayılan ortak belirtilerinin tümü birden aynı insanda bulunmaz. Davranışları nevrotik öğelerden tümden arınmış çağdaş bir insan da düşünülemez. Daha önce de vurgulandığı gibi önemli olan, insanın ne oranda bir nevrotik kısırdöngü içinde tutsak kalmış olduğudur. Bu oran durağan da değildir. Kimi insanda yaşamı boyunca giderek artar, kiminde ise yanılgılar kısmen de olsa deneyime dönüştürülebilir ve kendini gerçekleştirme süreci için gerekli olan yol açık tutulur.

Zaman zaman yanlış yorumlandığını gözlemlediğimiz "kendini gerçekleştirme" kavramına burada bir açıklık getirmeyi gerekli görüyoruz. Bu, bir insanın biçimsel olarak ya da bazı toplum normlarına göre giderek yükselen bir başarı çizgisini gerçekleştirmesi anlamını taşımaz. Kendini gerçekleştirme, kendini yaşamayı göze alabilecek yürekliliği gösterebilmeyi ve kısırdöngülerden özgürleşebilmeyi tanımlar. Bu bölüme kadar anlatılanlar okuyucuya, insanın kendisini gerçekleştirme yollarını hangi nedenlerle ve nasıl kapatmakta olduğunu açıklama amacını taşımaktadır. Bir insanın kendi kısırdöngülerinin tümünü görebilmesi, gerçekleşmesi olanaksız bir durumdur. Böyle bir durumun gerçekleşmiş olduğunu varsaysak bile bu, o insanın kısırdöngülerinden arınabileceği anlamını taşımaz. Ama yine de kendine dönük yıkıcı mekanizmalarının kökenini tanıyabilmek, insanın kendisine ilişkin bilinmeyenlerinin sayısını azaltır ve onu rahatlatır. Ancak asıl önemli olan, bu mekanizmaların nedenlerinden çok, "nasıl" işlediğini anında görebilmektir. Psikolojik tedavi yöntemlerinin çoğu bireyin "nasıl yanıldığını" anında görebilmesine yardımcı olmayı amaçlar.

Kullandığı kaçınma mekanizmaları nedeniyle, insanın kendi bozuk davranışlarının nasıl işlediğini anında "yakalayabilmesi" tek başına gerçekleştirilmesi oldukça güç bir olaydır. Ancak böyle bir davranışımızı aradan bir süre geçtikten sonra yakalayabildiğimizde de bunun üzerini kaçınma mekanizmalarıyla örtmemeyi başarabilir ve benzer durumları dikkatle izleyebilirsek, bir süre sonra olayı anında yakalayabilme olasılığı da artar. Bu, giderek o davranışı yapmak üzereyken anında kendimizi yakalama duyarlığının gelişmesine neden olur ve söz konusu kaçınma tepkisinin ortadan kaldırılması gerçekleştirilebilir.

Ancak kısırdöngülerimizi kırabilmek için böylesi güç bir çabayı gerçekleştirebilmek, ortadan kaldırılan davranışların yerine hangi tür davranışların konulabileceği konusunda bazı modelleri tanımlamış olmayı da gerektirir. Gerçi insanda kalıtsal olarak var olan sağduyu ona bu konuda rehberlik edebilir, ama varoluşunu daha da zenginleştirmesi için yeterli olmayabilir. Son bölümde insanın kendisi için geliştirebileceği modellerin ortak bazı özelliklerinin tartışılması amaçlanmıştır. Ancak bu tartışmalara geçmeden önce, insanın varoluşunun iki boyutu olan "zaman" ve "mekân" (insan ve doğa çevresi) ile olan ilişkilerini gözden geçirmekte yarar görüyoruz.

Yaşam ve Ölüm

KENDİSİNE AYRILAN zamanın sınırlı olduğunun ve bir gün ya-
şamının sona ereceğinin bilincinde olmak, insanı anlamlı yaşa-
yıp yaşamadığı konusunda kaygılandırır. Anlamlı bir yaşamı
gerçekleştiremeyen insan için için suçlanır ve bu duygusuyla
yüzleşmemek için pekiştirdiği kaçınma mekanizmaları giderek
kendisine daha da yabancılaşmasına neden olur. Zaman sınırlı-
lığının bu baskısı özellikle yetişkinlik yaşamı süresince hissedi-
lir. Çocuk ölümün anlamını gereğince algılayamaz. Genç insa-
nın önünde uzun zaman vardır ve bu ona sınırsız gibi görünür.
Yaşamın çizgilerini belirleyecek seçimlerini henüz yapmamış
olmanın kaygılarını ve özgürlüğünü birlikte yaşar.

Yetişkinlik dönemine geçiş, insanın bireyleşme çabaları ile
toplum normları arasında bir uzlaşma sağlamasını gerektirir.
Bu, gerçekleştirilmesi son derece güç bir duyarlı dengeyi içerir.
Başaramayanların bir bölümü toplum normlarının egemenliği
altına girer. Bu insanlarda bireyleşme çabası olmadığı için çev-
reye uyum sağlamada sorun yaşanmaz. Burada kastedilen ken-
di çıkarları için toplumla uzlaşan kişilerdir. Böyle bir insan, bir
başka seçeneği hiç düşünmemiş olduğu için topluma boyun eğ-
miş biridir, topluma yaratıcı bir boyut katmasa da var olan sis-
tem için yararlıdır ve çevreden saygı görür. Toplum değerleri
geçerli olduğu sürece o da geçerlidir. Ama için için kendisini
değersiz hisseder. Bu duygunun gerisinde varoluşuna anlam kat-
ma ve bireyleşme çabalarından vazgeçmiş olmanın suçluluğu
bulunur.

Bir diğer grup ise söz konusu duyarlı dengeyi kurabilmek için çaba göstermiş, ancak bunu başaramamış kişilerden oluşur. Bireyleşme çabalarında o denli ileriye gitmişlerdir ki, ait oldukları kültürle özdeşleşme olanağını da yitirmişlerdir. Toplumdan kopmuş olmanın korku ve suçluluğunu yaşarlar. Günümüzde "marjinal" olarak nitelendirilen kişiler bu grubun kapsamına girerler.

Her insan bağımlılık ve özgürlük ya da boyun eğme ve kendine yön verme eğilimlerinin yarattığı çatışma ile dünyaya gelir. Çünkü doğum olayı, bir diğer insana tümden bağımlı ve çaba gerektirmeyen bir durumdan, ayrı bir varlık olmayı ve kendi eylemlerinin sorumluluğunu üstlenmeyi gerektiren bir yaşama geçişi temsil eder. İnsanın kendi sorumluluğunun doğrultusunda gösterdiği çaba hayatın özüdür. Ne var ki bazı insanlar bu çabayı gösterecekleri yerde, vaktiyle dölyatağıyla kurdukları beraberliği yaşamlarında da gerçekleştirmeyi yeğlerler. Böyle bir seçim, beraberliğin içinde yok olma anlamına gelir, ölümü simgeler.

İnsan bağımsızlığa doğru attığı her adımı ürkütücü bir tehdit olarak yaşar. Öbür insanlardan farklı davrandığı oranda reddedilme ya da sevgiyi yitirme olasılığı artar. Kendisine yön vermede yenilgiyle karşılaşma olasılığı sürekli bir korku yaşamasına neden olur. Bu, insanın kendi yaşamını sürdürmekten korkmasıdır ve çevreye karşı yaşanan bir suçluluğu da içerir. Çünkü bağımsızlık çabası, o insanın bağlı olduğu insanlara karşıt davranışlarda bulunmasını da gerektirir.

Ayrılık bireyleşmeye, beraberlik bireyleşmenin yitirilmesine neden olur. Her iki durumda da yaşanan duygu korkudur. İşte insanın kendisine karşı görevi bu kutuplaşmaya bir çözüm getirmeyi içerir. Bireyleşme ya da beraberlikleri uç durumlar biçiminde yaşamak yerine, hem beraber hem de özgür olunabilecek bir dengenin oluşumu ise ustalık ister. Bu, her iki kutup arasında gidip gelme mesafelerinin azaltılması ve sürelerinin kısaltılması ile gerçekleştirilir. Bir başka deyişle, yeniden beraber olmak üzere kısa ya da gereğince uzun süreli ayrılıklar, kişinin bireyleşmesini engellemeden beraberliğini sürdürebilmesini sağlar. Bunun karşıtı, "ölüm ilişkileri"yle sonlanır.

Yetişkin insan eşiyle, çocuklarıyla, işiyle, kurumlarla ve hatta eşya ve parayla olan ilişkisinde bu dengeyi korumak zorundadır. Bunu başaramayanlar özellikle orta yaşa geldiklerinde anlamsızlığa düşer ve yaşamlarını boşa geçirmiş oldukları duygusuna kapılırlar. Çünkü insan orta yaşa ulaştığında zamanla ilişkisi de önemli bir değişikliğe uğrar. İnsan gençken zamanı, kaç yılı geride bıraktığını düşünerek değerlendirir. Kaç yılı kaldığını düşünmeye başladığı andan itibaren de orta yaşa girmiş olur. Organizmanın artık eskimeye başladığını anımsatan sağlık sorunları, çocukların bağımsızlıklarını kazanmaya başlamalarının yarattığı boşluk, bazı yaşıtların erken ölümü, vb. durumlar da göz önünde bulundurulduğunda bu tür bir değişikliği kabul edebilmenin kolay olmadığı anlaşılabilir. Ancak orta yaşın toplum içinde karar verme yetkisine en çok sahip olan grup olması bu güçlüklerin başarılı bir biçimde ödünlenmesini sağlar.

Yaşlılık, çoğu insanın sandığı gibi durağan ve değişmez bir dönem değildir. Yaşamın tüm evrelerinin zorlanmalarına karşın var olabilmiş olmanın güçlülüğünü ve bilgeliğini içerir. Özellikle merak ve hayret tepkilerini sürdürebilen yaşlılar gerçekten dinamizmi olan varlıklardır. Yaşlı insan, bir yandan gidenin yerine konacak kimse olmamasının yarattığı yalnızlığın ve toplumsal statüyü yitirmiş olmanın getirdiği rol yoksunluğunun acısını yaşar, bir yandan da kendini ölümsüzleştirmenin yollarını araştırır. Bu nedenle yaşlı insanın zamanla ilişkisi ölümünden sonrasını da içerir. Miras düzenlemeleri, gençlere daha çok destek olma çabaları ve hayır yapma girişimlerinin temelinde geride bir iz bırakma isteği bulunur.

Varoluşun zaman boyutu ile insan davranışları arasındaki bir diğer ilişki de psikolojik olgunluk kavramını içerir. Kronolojik yaşını kabul edemeyen ve buna uygun bir yaşam sürdüremeyen kişi olgunlaşmamış bir varlıktır. Bunun bedelini suçluluk duygularıyla öder. Burada yaşına uygun davranma deyimiyle kastedilen, toplumun bu konudaki beklentilerine boyun eğici davranışlarda bulunmak değil, yaşam döngüsünün her evresinin kendine özgü doyumunu yaşayabilmiş olmaktır. Bir başka deyişle, çocukluk, ergenlik, yetişkinlik ve yaşlılık gibi her bir yaşam döneminin kendine özgü bir olgunlaşma düzeyi vardır. Olaylara etkin bir biçimde katılabilme olarak tanımlanabilecek psikolojik olgunluk, genç ve orta yetişkinlik döneminde ulaşılan biyolojik ve toplumsal olgunlaşmadan çok farklı bir olgudur. Organizmanın her bir gelişim döneminde yeniden örgütlenmesini içerir.

Olgunlaşmamış olmak, yalnızca kronolojik yaştan önceki dönemlere ait davranışları içermez. İnsanlar vardır, davranışları kronolojik yaşlarına oranla daha "yaşlı"dır. Aslında bu insanların içinde baskı altında tutulan bir çocuk bulunur, ama onun varlığını fark edemezler. Çünkü bu çocuğun bilinç düzeyine ulaşarak davranışlarda varlığını göstermesi, katı, kuralcı ve baskıcı bir ortam içinde yetişmiş olan bu insanlar için asla kabul edilemeyecek bir durumdur. Hangi yaşta olursa olsunlar, bu insanlarla birlikte olmak insana kasvet verir. İhtiyar yüzlü bilgiç çocuklar ya da sıcak duygusal tepkilerden yoksun, çizgileri aşağı sarkık bir maske takmış yetişkinler aslında ölümü simgeler. O nedenle bize ürkütücü gelirler, ama bu ürküntüyü yenip de dikkatle inceleyebildiğimizde, yaşlı davranışlarının aslında çocuksu öğeler taşıdığını ve hatta bazen büyük rolü oynamaya çalışan çocukları anımsattıklarını seçebiliriz. Bir başka deyişle, yaşından daha "yaşlı davranan" insan aslında yaşından geridedir. Gerçekte her yaşta her şey yaşanabilir, ama yaşını da yaşayarak! Baskıcı, reddedici, aşırı koruyucu ya da aşırı hoşgörülü bir ortamda yetişen insanlar özerk bir varlık olmayı öğrenemezler. Özerklik, özgürce seçim yapabilmeyi tanımlar ve var olan seçenekler arasından bir seçim yapabilmekten de öte bir anlam taşır, insanın zamanla olan ilişkisini de içerir. İnsanlar vardır bilirsiniz, bir eyleme geçmeyi son dakikaya erteler, sonra bir telaş yaşarlar. Kimiyse zamanının denetimi kendi elinde değilmişçesine her yere geç kalır. Böyle insanlar tıpkı çocukken olduğu gibi, baskı ve tehditle güdülenir, zamanlarını özerk bir biçimde kullanamazlar. Üstlerinde bir baskı olmadıkça hareketsiz kalır, başka bir gücün kendilerini eyleme geçirmesini beklerler. İçinde bulundukları durumu "üşenme" sözcüğüyle dile getiren bu insanlar, günlük yaşamlarını başkalarının kendilerine verdiği bir görev gibi sürdürürler. Özerkliği öğrenememiş olmaları kendi sorumluluklarını üstlenebilmelerini engellediğinden, zaman kullanımını kendi dışlarındaki etmenlere bırakarak sürüklenir, üstelik bundan ötürü çevresel koşulları sorumlu tutarlar. Her yere geç kalma eğiliminde olan insanlar, bunun kendi sorumlulukları olduğunu görmezden gelerek, her defasında gecikmelerini haklı gösterecek bir neden bulurlar.

Özellikle katı ve baskıcı bir ortamda yetişmiş insanlar için zaman, içinde bulunulan anın değerlendirileceği bir varoluş boyutu olmaktan farklı bir biçimde, tüketilmesi ve bitirilmesi gereken bir nesne gibi kullanılır. Örneğin böyle bir insan arabasıyla bir yere gitmek için yola çıktığında, onun için önemli olan şey bir an önce gidilecek yere ulaşmaktır; arada geçen zaman ise sindirilerek yaşanmaz. Dolayısıyla yaşamın tümü de yerine getirilmesi gereken bir görevler dizisi olarak tüketilir. Gün, akşamı etmek için; okul, bitirmek için; cinsel ilişki orgazma ulaşmak içindir. Böyle bir insan seferberlik durumundadır; kendisine sürekli görev üretir ve bir türlü gevşeyemez. Kendisinden kaynaklanan bir tehdidin sürekli baskısı altında olduğundan, gevşediği anda boşluğa düşer ya da suçlanır, dolayısıyla kendi benliğini algılamaya da fırsat bulamaz.

İnsanlar vardır, yemeği tadına varamadan hızla tüketir ya da asansörün gelmesi için birkaç dakika bekleyeceği yerde derhal merdivenlere yönelir, hem de "ışınlanmışçasına" çıkarak. Nereye yetişmeye çalıştıkları sorusunun cevabı "yaşamın amacı ölümdür" ilkesinde bulunabilir. Bir başka deyişle, bu insanlar yaşamlarını bir an önce bitirme ve ölüme ulaşmak istercesine tüketme eğilimindedirler. Gerçekten de içinde bulundukları anı yaşamayan ve yaşama etkin bir biçimde katılamayan insanlarda ölüm korkuları oldukça yaygındır.

Yukarıdaki örneklerdeki görevlendirilme ve görevler yerine getirilmediğinde yaşanan huzursuzluk, kişinin kendi zihninde ve kendi istemi dışında oluşur. Çocukluk yıllarını gerekli destekten yoksun ya da baskı altında geçiren kişiler, o dönemde başlayan gerilimi ve alarmı yetişkinlikte de sürdürürler. Sanki zihinlerine yerleştirilmiş ve sürekli emirler veren bir aygıtın tutsağıdırlar. Bu insanların düşünceleri katı ve kategoriktir; kendilerini ve çevrelerini sürekli yargıladıkları için içsel yaşantılarını algılama olanağından yoksundurlar. Dolayısıyla nereden gelip nereye gitmekte olduklarını da değerlendiremezler. Bir başka deyişle bu, "ölerek yaşamayı" ya da "yaşarken ölmeyi" tanımlar.

Yaşama etkin bir biçimde katılmayı öğrenememiş kişilerin dış dünyadaki nesnelerle ve diğer insanlarla ilişkileri de ortalama insandan önemli farklılıklar gösterir. Aslında insan ve çevresi tek bir bütündür ve bu beraberlik bir "süreç" olarak yaşanır. Ama bazı insanlarda sürecin yerini sahip olma eğilimi alır. Süreç açık uçlu bir olgudur, bir yaşantı yeni bir yaşantının doğmasına neden olur ve bu böylece sürer gider. Örneğin, bir kadınla bir erkeğin ilişkisi süreç olarak yaşandığında giderek zenginleşir, çünkü beraberlik korkusuzca yaşanır. Ama güvenlik sağlamak amacıyla ilişkiye geçen insanlar için süreç belirsizliklerle dolu ve ürkütücüdür. Bu nedenle başlayan süreçleri en kısa sürede "bağlamak" ve "bir sonuca ulaştırmak" isterler. Bu da sürecin "öldürülmesi" anlamına gelir. Kendilerini ve birbirlerini beraberlikleri içine "kapatma" eğiliminde olan kişiler, süreci yaşamanın sağladığı canlılık ve zenginlikten yoksun kalır ve "ölüm ilişkileri"nin tutsağı olurlar.

Sahip olma eğilimi insanın milyonlarca yıllık evriminin kalıtsal bir parçasıdır. İçinde yaşadığımız teknoloji çağının doğaya, eşyaya, paraya ve diğer insanlara sahip olma tutkusunu pekiştirici tutumuna isyan edenlerin sayısı az değildir, ama toplumdan soyutlanmayı göze alan bazı kişiler dışında, çağdaş insanın kendisini bu tutkudan tümden arındırabilmesi mümkün değildir.

Kendini yaşama ve sahip olma eğilimleri birbirlerine karşıt güçlerdir. Her insanda bunların ikisi de bulunur. Bazen olabildiğince kendimizi yaşar, bazen ise sahip olma tutkusuna boyun eğeriz. Bir insanda bunlardan birinin diğerine oranı önemlidir.

Eşya, para ya da iktidar sahibi olma isteği tutku düzeyine ulaştığında, para, eşya ve iktidar insana sahip olmaya ve onu yönetmeye başlar. Bu, uyuşturucu madde ya da kumar tutkuları gibi engellenmesi güç bir dürtüdür. İnsanın varoluşuna bir anlam katamamış olmasının, boşluğunun, kendini değersiz bulmasının ve yalnızlığının anlatımıdır. Bir insanın kendisini yalnız hissettiği zamanlarda kendisine bir şey almak istemesi olağan bir davranış sayılabilir. Ama çıktığı gezilerde gördükleriyle ilgileneceği ve anını yaşayacağı yerde alışveriş krizine giren insanlar alkol krizine giren insanlara benzerler. Kendilerini kabul edememiş olmanın acısıyla yüzleşmeyi göze alamadıkları için boşluklarını içki ya da eşya ile doldurmaya çalışır, ama daha büyük bir boşluğa düşerler. Tarih, iktidar tutkusuna kapıldığı ve nerede duracağını bilemediği için kendisini ve çevresini yok etmiş insan örnekleriyle doludur. Para tutkusuna kapılan insanlar sahip oldukları imkânlarla orantılı bir yaşam sürdüremezler. Çünkü onlar için para, "iyi yaşamak" için bir araç olmaktan öte, bir türlü giderilemeyen boşluklarını doldurabilecekleri sanısında oldukları bir nesnedir. Gerçi toplum yukarıda sayılan şeylere sahip olan kişilere önem tanır, ama bu, insanı kendisini kabul edememiş olmasının acısından kurtaramaz. Çünkü aslında toplumun da kabul ettiği, o insanın kendisi değil, kendisini kabul ettirebilmek için sahip olduğu şeylerdir.

Pek çok insan diğer insanlara ve onların sevgisine sahip olma eğilimindedir. Oysa ilişki ya da sevgi yaşayan bir süreçtir, nesne değil. Dolayısıyla sevgi, beraberliğe yaşam katabilmeyi ve canlılığını artırabilmeyi içerir. Sevgiye sahip olabileceği umudunu taşıyan insan ona sahip olduğunu sandığı anda boşluğa düşer ve sahip olabileceği yeni şeyler arar. Yaşayan süreçlere sahip olmak istemenin o süreci yok ettiğini göremediği için de bu böylece sürer gider.

Sahip olma eğilimi insan doğasının kalıtsal bir parçasıdır, ama insan sahip olduğu şeylerle "birlikte yaşayarak" bunu bir sürece dönüştürebilir. Oysa bazı insanlar sahip oldukları şeylerle ya da diğer insanlarla birlikte yaşayacakları yerde onları seyrederler. Kiminin evinde yıllardır kullanılmayan ve vitrinde saklanan fincan ya da tabak takımları bulunur, kimiyse beraberliklerinde diğer insanları yalnızca izler, katılmaz ve katmaz.

Dünyada iki tür insan vardır: yaşayanlar ve yaşayanları seyredip eleştirenler. Seyretmek ölümü, katılmak ise yaşamı simgeler.

Yaşamak, kendisi olabilmeyi ve yaşama etkin bir biçimde katılabilmeyi tanımlar. Bu, insanın kendi sorumluluğunu, bir başka deyişle, hayatına anlam katma sorumluluğunu içerir. Sorumluluğunu üstlenen kişi özgürdür. Özgür insan daha az korkar, onun için sevebilir!

Kendini Yaşamak

KENDİNİ YAŞAMAK kavramı tartışılmaya başlandığında, genellikle böyle bir süreci topluma rağmen gerçekleştirebilmenin imkânsızlığını savunan karşıt görüşler belirir. Ama konuyu, toplumun engelleyici etkileri süregeldikçe insanın özgür olamayacağı biçiminde ele almak, en azından önyargılı ve oldukça katı bir yaklaşımdır. Hatta bunu, "daha iyi yaşama" yollarını deneme sorumluluğunu görmezden gelmek için geliştirilmiş bir kaçınma tepkisi olarak bile değerlendirebiliriz.

Bazı insanlar, kendini yaşamak isteyen birinin mutlaka topluma karşıt davranışlar geliştirmesi gerekeceğine ve böyle bir durumun o insanın toplumdan soyutlanması sonucunu doğuracağına inanırlar. Oysa kendini yaşamak isteyen insan, süreci toplumdan değil kendisinden başlatır. Bu yürekliliği göze alabildiğinde, başlattığı sürecin sonuçları dolaylı olarak çevresini de etkileyeceğinden, soyutlanması da söz konusu olamaz.

İnsan, dış etmenler tarafından engellenmedikçe kendi yönünü seçebilme yeteneğine sahip bir varlıktır. Burada anlatılmak istenen, insanın çocukluğundan bu yana geliştirdiği koşullanmalar doğrultusunda yaptığı seçimlerden farklı ve kendi içsel gerçeklerinden haberdar olabilmesi sonucu yapabildiği seçimlerdir. İnsanın içsel dünyasını tanıyabilmesi için dış dünyayı tehlikeli bir alan olarak algılamaması gerekir. Böyle bir durum insanın içinde bulunduğu koşullara en uygun ve çevresinde etkin olabileceği türde tepkileri gösterebilmesiyle gerçekleştirilir. İşte konunun can alıcı noktası da bu tanımın içeriğinde bulunabilir. Burada, "insanın içinde bulunduğu koşullar" deyimi, çevreden gelebilecek düşmanca tepkileri ya da toplumun bireyi kısıtlayıcı nitelikteki değer yargılarını da kapsamaktadır. "Çevresinde etkin olabileceği türde tepki" ile bireyin kendi küçük dünyasında gerekli değişiklikleri sağduyuya uygun bir biçimde gerçekleştirebilmesi kastedilmektedir.

Ne var ki günümüzde pek çok insan, sonradan kendisini suçlu hissedeceği ya da çevresi tarafından suçlanmayla sonuçlanabilecek bazı davranışların yüreklilik olduğu sanısındadır. Bu insanlar kendilerini değil, çevrelerini değiştirmekle işe başladıkları için gerekli etkinliği sağlayamazlar. Çünkü etkinlik kavramı, insanın sonunda zararlı çıkacağı kahramanca görünümlü eylemleri değil, kendisinin ve inançlarının çevresi tarafından da benimsenmesiyle sonuçlanan sistemli bir kararlılığı içerir. Bu, kısa vadede kazanılmak istenen görkemli zaferlerden farklı, sonu gelmeyecek bir satranç oyununu sabırla ve mat olmadan sürdürebilmeyi, bir başka deyişle, kendi varoluşunu ve dış dünya gerçeklerini karşılıklı etkileşim durumunda olan bir süreç olarak kabul edebilmiş olmayı gerektirir. Diğer insanların gerçeklerini anlamaya çalışacağımız yerde, onları dünyada yalnızca kendi gerçeklerimiz varmışçasına yargılamak etkin olabilmemizi engeller ve yalnızlığa yol açar. Kendi benliğine yabancılaşmış bir insanın değerleri ve inançları tehlikeye karşı savunma niteliğinde olduğundan, davranışları da katı, inatçı ve esneklikten yoksundur. Bu, kendi gerçeklerini algılayabilen bir insanın esnek bir biçimde sürdürdüğü kararlılıktan farklıdır.

Teknoloji çağının bireyi hiçe indirgeyici toplumsal yapısının, insanın uyum sağlama yeteneklerini aşmaya başlayan bir hızla değişmekte olmasının birey üzerinde yarattığı zorlanmalar bir başka bölümde ayrıntılı biçimde tartışılmıştı. Ancak bunu, çağdaş insanın önceki yüzyıllarda yaşamış insana oranla daha çok sorunu olduğu biçiminde yorumlamak bir yanılgıdır. Geçmişin insanıyla günümüz insanının sorunları elbette birbirinden farklıdır, ama eski insanlara oranla daha mutsuz olduğumuz söylenemez. Geçmişte insanlar, geleneklerin sağladığı koruyucu ortam içerisinde, günümüz insanının yaşamakta olduğu yalnızlık, anlamsızlık ve yabancılaşma gibi duyguları pek tanımıyorlardı. Ama geleneklerin koruyuculuğunu özgürlüklerinden vazgeçerek ödemişlerdi ve yaşadıkları toplumsal ortam kendilerini gerçekleştirebilmek için bugüne oranla çok daha az elverişliydi.

Eskiden insanlar sessizce acı çekerlerdi. Şimdi ise bunu dile getiriyor, sorunlarını tartışıyorlar. Üstelik acı çekmeyi kaderin getirdiği bir olgu olarak kabul etmiyor ve isyan ediyorlar. Bununla da yetinmeyerek mutluluğa ulaşmak için çaba harcıyorlar. Ancak, öteki bölümlerde de tartışıldığı gibi, bu konuda ne yapabileceklerini gerçekten bildikleri söylenemez. Savaş ya da toplumsal anarşi gibi ortamlarda bile insanlar günlük yaşamlarını sürdürmüş, dış görünümlerine özen göstermiş, âşık olabilmişlerdir. Ama insanın kendi içindeki kargaşa toplumsal kargaşadan daha ürkütücüdür. Bu nedenledir ki, insan evrendeki düzeni kendi yaşamında da gerçekleştirmeye çalışır.

İnsanlık kendi yazgısını denetleyebileceği bir üst-sistemi henüz geliştirebilmiş değildir. Tabandan zirveye doğru hareket etmeyen bir dinamizm, günümüzde olduğu gibi, bireyin denetimden çıkmış bir üst-sistemler karmaşasının tutsağı olmasıyla sonuçlanır. Birey ve dünyası bir bütün olduğuna göre, insan ve insanlık birbirinden bağımsız sistemler olarak var olamaz. Bu nedenle insanlığın kendi yazgısını denetleyebileceği bir üst-sistem, ancak alt-sistem olarak bireylerin kendi yazgılarını yönlendirme sorumluluğunu üstlenmeleriyle gerçekleştirilebilir.

İşte bu noktada, mutsuz çocukluk yaşantıları sonucu kendi olumsuz duygularının tutsağı olmuş kişilerin kendi yazgılarını nasıl yönlendirebileceği sorusu yeniden karşımıza çıkar. Ama böyle bir soru, bazı insanların nasıl olup da geçmişlerindeki olumsuz yaşantılara karşın kısırdöngülerin tutsağı olmaksızın yaşamlarını ileriye doğru hareket eden bir süreç biçiminde sürdürebildikleri sorusunu da birlikte getirir. Geçmişte alınan yaraların hiçbir iz bırakmadan kapandığı söylenemez. Ama yeniden zedelenmemek için kaçınma tepkileri geliştirmek insan doğasına aykırıdır ve daha büyük yaraların açılmasına neden olur. Çünkü zaten yalnız ve mutsuzsak bilinmeyene doğru hareket etmekle yitirecek neyimiz olabilir? Üstelik çevremizdeki olanakların sayısı aslında hiç de az değil. Ne var ki bunlar her zaman orada değiller. Onları "şimdi" değerlendiremezsek fırsatımızı kaçırmış oluruz. Çünkü insan bir zaman tüketicisidir. Zaman insanı sınırlar. Ama çoğu insan şimdi yapamadığını ileride yapacağı sanısındadır, önündeki zamanı sınırsızmışçasına harcar. Aslında, insanın en önemli yanılgısı da budur.

İçinde yaşadığımız dünyanın zor bir alan olduğundan yakınarak zamanı tüketmek yerine, onu ve gerçeklerini kabul ederek savaşmak zorundayız. İnsan bir yandan savaşları kınarken diğer yandan da onları üretmiştir. İnsanın binlerce yıllık evrimi sonucu onun varoluşunun kalıtsal bir parçası durumuna gelen ve bugüne değin hiçbir politik sistem uygulamasının gerçek bir çözüm getiremediği sahip olma tutkusu var oldukça savaşlar ve saldırganlık da süregelecektir. Bu, doğadaki diğer canlılarda da bulunun kendini koruma ve türünü sürdürme güdüsünün bir parçası olan saldırganlıktan farklı bir tepki eğilimidir.

Ancak böyle bir tanım insanı bencil, mantıkdışı ve toplum tarafından denetlenmediğinde saldırgan dürtülerini dışavurma eğiliminde olan bir varlık olarak tanımlayan psikanalitik görüşe katılma anlamına gelmemektedir. Bilgi yetersizliği, ekonomik ve toplumsal yoksunluklar ve başa çıkmak zorunda kaldığı türlü karmaşık durumlara karşın, insanın daima mantıklı davranma eğilimi gösteren bir varlık olduğu da bilinmektedir.

Binlerce yıllık evrimi sonucu insan aynı zamanda dost, yardımsever, yapıcı ve yaratıcı bir varlık olma niteliğini kazanmış ve bu özellikler de onun varoluşunun kalıtsal bir parçası durumuna gelmiştir.

Bir insanda bu iki karşıt eğilimin hangi oranlarda ve hangi biçimlerde yaşanacağı, çocukluk yıllarında başlayan öğrenme süreçleriyle belirlenir. Saldırgan ve yıkıcı eğilimler, insanın temel doğal özelliklerinin engellenmesi ve saptırılması ya da diğer insanların haklarına saygı göstermeyi öğrenememiş olması sonucu etkinlik kazanır. Dost ve yapıcı eğilimler de öğrenme süreçleriyle etkinleştirilir. Bu, çevredeki olumlu ilişkileri örnek alma ve dış dünyayı tehlikeli bir yer olarak algılamama sonucu doğal olarak gelişir. Böyle bir insan, enerjisini savunmaları için harcamayacağından kendini yaşamayı başarabilir. Buna karşılık, sevgiden umudunu kesmiş bir insanda saldırgan eğilimler benliğe egemen olur. İlginç olan yön, böyle insanların kendi saldırganlıklarının çoğu kez farkında bile olmamalarıdır. Engelleneceği ve zedeleneceği korkusuyla saldırganlaşan insan, yaşadığı kaygılara ve önyargılara öylesine tutsak olmuştur ki, ortaya çıkan sorunları kendisinin başlattığını göremez. Önceki bölümlerden birinde de değinildiği gibi, sorunların işbirliğiyle çözülebileceğini öğrenememiş olan insan için, karşı tarafın gerçeklerini ve haklarını göz önünde bulundurmak, ödün verme ve hatta yok olma anlamını taşır.

Saldırgan eğilimli insanların olumlu duygular taşımadığı söylenemez. Üstelik, kendilerine saldırılmakta olduğuna inandıklarından, olumlu duygularının karşılık görmediğinden yakınırlar. Bu tür insanların yok yere başlattıkları savaşlara katılmak, kendimizde de bir öfke birikiminin var olduğunun göstergesidir. Bir savaş başlatmak isteyen insanın bu oyununa katılmamayı başarabildiğimizde, karşı taraf kendi senaryosunu gerçekleştirmek için bir süre daha kışkırtıcı davranışlarda bulunabilir. Ama kararlılığımızı sürdürebilirsek korkusu giderek azalır ve sonunda kendisine ulaşabilmemizi sağlayacak yol da açılmış olur. Yıkıcı senaryolara katılmamayı başarabilmek etkin olma kavramının en önemli boyutlarından biridir. Ama pek çok insan için saldırganlık ile etkinlik eşanlamlıdır.

"Düşmanca ve saldırgan eğilimler taşıyan insanlar bu eğilimlerinden arınabilirler mi?" sorusunun yanıtı bu insanların tümü için olumlu olmayabilir. Çünkü bu bir "niyet" sorunudur ve ilk adım insanın kendi düşmanca eğilimlerini ve saldırgan davranışlarını görebilmesi ve bunları kabul edebilmesiyle gerçekleştirilir. Herkesin içinde bir hayvan vardır. Bu, kişiliğin yıkıcı olduğu kadar canlı ve yaratıcı bir yönüdür de. İnsanda kalıtsal olarak var olan saldırgan potansiyel bireyin olumsuz yaşantıları sonucu gelişen düşmanca eğilimlerle etkinlik kazanır. Bu eğilimleri denetim altına almak için geliştirilen kaçınma tepkileri, içimizdeki hayvanın yaşama canlılık ve yaratıcılık katan yönlerinin de kapatılmasına neden olur. Hayvanını kilit altında tutan insan, aşırı mantıklı, yaratıcılıktan yoksun ve sönük bir varlıktır.

Düşmanca eğilimlerini tanımaya ve kabul etmeye başlayan insan, davranışlarının kendisi için ne denli zararlı olduğunu görmeye başlar ve bundan rahatsız olur. Çünkü insan haklı olduğunu kolayca kabul eder, ama yanılmış olduğunu kabul etmek benliğe indirilmiş bir darbe olarak yaşanır. Ama bu rahatsızlığın olumlu bir yanı da vardır: İnsanı bir şeyler yapmaya güdüler. Düşmanca senaryolarının yerine neler koyabileceğini ise kendi doğasından bulup çıkarabilir. Örneğin kızgınlık tepkilerini anında fark ederek, yaşanmakta olan durumu en uygun biçimde dışavurabilme çabaları başarıya ulaştığında, düşmanca eğilimlere neden olan birikimler de ortadan kalkar. Kızgınlık tepkisi kendini koruma içgüdüsünün doğal bir parçasıdır ve düşmanca eğilimlerin etkinlik kazandırdığı yıkıcılıktan farklıdır. İşte bu ayrımı yapabilmiş olmak, insanın olumlu duyguları kadar olumsuz duyguları da yaşama hakkını kendisine tanıyabilmesini sağlar. Böyle bir durum insanın kendinden utanma duygusunu da ortadan kaldıracağından, içindeki hayvanın canlı ve yaratıcı nitelikleri de etkinlik kazanabilir.

İçimizdeki hayvan ölçüsüz bir davranışa neden olduğunda onu affedebilmeliyiz. Suçluluk duyacağımız bir davranışa neden olduğunda bunu büyütmek yerine onarmaya çalışmalıyız. Üstelik arada bir bize zararsız bir biçimde egemen olabilmesine de fırsat tanımalıyız. Eğer bir işi yapmaya üşeniyorsak, düşünmeliyiz. Eğer bu işi yapmadığımızda çok huzursuz olacaksak onu bir an önce yapmalıyız. Ama eğer o işi gerçekten yapmak istemiyorsak kendimizi suçlamadan başka bir şey yapıp keyfini çıkarmalıyız. Arada bir zararsız bir çılgınlık yapmak bize iyi gelir!

Başlangıçta insanı insan yapan sözcükler olmuştur. İnsanın henüz yarı hayvan olarak mağarada ya da ağaçta yaşamını sürdürdüğü dönemde ürettiği ilk sözcükler birbirine benzeyen nesneler grubunu tanımlardı. Örneğin ev denildiğinde tüm evler anlaşılırdı. İlk konuşma biçimi hayvanlar arasında görülen sevgi (cinsellik) çağrısıdır. Bunun yanı sıra annenin yavrusuna yaklaşan bir tehlikeyi haber veren sesleri de duyulur. Yapılan araştırmalara göre, gelişmiş maymunlar 20 farklı ses ve bazı jestlerle oldukça zengin bir dağarcığa sahiptir. Bu, 300 sözcükle sınırlanmış bazı ilkel insanlardan çok da farklı bir sayı değildir.

Jestler birincil, konuşma ikincildir. Konuşma işe yaramadığında jestler yine ön plana gelir. Bu bazı kızılderili kabilelerinde o kadar önemlidir ki, insanlar gece karanlıkta konuşamazlar. Günümüzde de bazı insanbilimciler, yaptıkları araştırmalar sonucu, insanlararası etkileşimde jest, mimik ve bedensel davranışların sözcüklerden daha büyük bir önem taşıdığı görüşünü savunuyorlar. Çağdaş psikolojik tedavi ekolleri de tedaviye gelen kişinin anlattıklarından çok, tedavi odasında gösterdiği sözsüz davranışlara önem verirler.

Soyut kavramlar kullanarak yorumlama ve yargılama eğilimi günümüzde öyle yaygın bir duruma gelmiştir ki, çoğu insana duygusunun ne olduğunu sorduğumuzda duygu yerine düşüncesini açıklar. İnsanın evrimi ile birlikte gelişen soyut kavramlar ve çağdaş toplumların mantıklı düşünceye verdiği değerin bunda önemli payı olsa gerek. Ne var ki, bu gelişme aşırı oranlara ulaştığında insanın kendisini ve çevresini entelektüel kalıplar içerisinde değerlendirmesine ve kendine yabancılaşmasına da neden olmuştur.

Günümüzde mantıklı olmak güçlü olmakla eşanlamlıdır. Ama tüm insanların ortaklaşa kullandıkları Aristo mantığı çerçevesi içerisinde her insanın kendi gerçeklerine uygun bir mantık sistemi de geliştirmiş olması gerekir. Kendi gerçekleriyle yüzleşmeyi göze alamayan insanlar abartılmış üstünlük çabalarına uygun bir mantık geliştirirler. Bu insanların mantığı, korkularına ve yetersizliklerine karşı geliştirilmiş bir savunma sistemi olmaktan öte bir anlam taşımaz. Çünkü bu tür bir mantık, bizim için neyin en iyi olduğuna göre değil, nasıl olmamız gerektiğine göre düzenlenmiş, biçimsel ve içsel dünyamızdan kopuk bir mantıktır. İnsanın söyledikleriyle yaptıklarının farklılaşmasına neden olur.

Her şeyin mantık ve irade gücü ile çözümlenebileceğine inanmak bir yanılgıdır. Bu, araçlardan yalnızca biridir ve tek başına kullanıldığında insanı zorlar. Mantık ve irade içimizden gelen istekle bütünleştiğinde anlam kazanır. Bu gerçekleştirilemediğinde kendimize uymayan amaçlar doğrultusunda davranmış oluruz. İstek ve yetenek birlikte oluşur. Yetenek olmayınca istek de olmaz. Salt mantığa dayalı kararlar bizim gerçeğimize uygun olmayabilir. İçimizden gelen ses, eğer onu dinlemeyi başarabiliyorsak, bize hangi doğrultuda davranmamız gerektiğini söyler. Bu ses korku da içerebilir. Ama yeni bir yaşantıya geçerken yaşanan olağan korkuyla, bizim gerçeklerimize uymayan bir eyleme geçmek istediğimizde yaşanan korku birbirinden ayırt edilebilir. İlki benliğimizle bütünleşmiş bir duygu, ikincisi bizi dışarıdan yönetmeye çalışan bir güce karşı geliştirilmiş bir tepkidir.

Önceki bölümlerden birinde ayrıntılı biçimde tartışıldığı gibi, soyut düşünce aracılığıyla iletişim kurmak insanı incinmekten korur, ama yalnızlığını artırır. Üstelik, mantıklı düşünce ve soyut kavramları savunma aracı olarak kullanan kişilerde jest ve mimik türünde davranışlar da giderek kısırlaşır. Günümüzde pek çok insan, duygusal yükü çok güçlü yaşantılarını bile sanki bir başkasını anlatıyormuşçasına dile getirirler. İçsel yaşantılarla davranışlar arasında böylesi bir kopukluk, duyguların yaşanmasının ilgisizlik ya da hoşgörüsüzlükle karşılandığı ortamlarda yetişen insanlarda görülür. Bu nitelikte bir ortamın oluşumuna yalnızca aile-içi sorunlar değil, ait olduğu alt-kültür grubunun tutumu da neden olabilir. Duyguları yaşamanın "toplumumuzdaki erkeklik rolü" ile bağdaşmadığı bir gerçek olmakla birlikte, bu her kültürde böyle değildir. Buna karşılık toplumumuz kadını, görünürde erkeklere oranla daha duygusaldır ama bu, duyguları yaşama anlamına gelmez. Burada duygu ile kastedilen, kökenini insanın geçmişinden alan kaygı, öfke ya da sevgi açlığının bazı belirtilerinden farklı bir olgudur.

Geçmişinin tutsağı olan insan, içsel dünyasına inebilme özgürlüğüne sahip değildir; sürekli kendisini gözlemler ve yargılar. Özgür insan ise kendini gözlemlemeden hayata katılır. Bu, gerilim boşaltmak amacıyla yapılan taşkın davranışlardan farklı, bilinçli bir katılmadır. O andaki içsel yaşantısını algılayabilmeyi ve bunu "hissettirebilmeyi" içerir. Bazen yaşanılan bir duygu dile getirildiğinde bu, yaşanılan şeyi hissetmek ve hissettirebilmekten çok, yeni bir yaşantı olabilir. Yaşanılanın ne olduğunu anlatan düşünce kendini yaşama anlamına gelmez. Çünkü insan kendini yaşadığında içerik yerine süreç vardır. Yaşanılanlarla davranışlar aynı anda bir bütün olarak ortaya çıkar. Başka bir deyişle, insan o anda "nasıl" yaşıyorsa öyle "olur"!

Yaşanılan süreç, sözcükler, mimikler, jestler ve diğer davranışlarla ortaya çıkar. Yaşanan olgu bir düşünceyle de dile getirilebilir. Bir başka deyişle, bir düşünce de hissettirilebilir. Çünkü içsel yaşantıyla bütünleşen düşünce, duygusal tepki biçiminde yaşanır. İçsel yaşantı kavramlarla ve tanımlarla sınırlanamaz. Yaşantı parçacıkları insanın içinde algılanabilir, ama bu parçacıklar bir bütün haline getirilemez.

Beraberliklerde yaşanan sessizlikler bazı insanların tedirgin olmasına neden olur. Kimi insan içsel yaşantısını algılama alışkanlığında olmadığından zihninde bir boşluk oluşur ve bu boşluk kendi istemi dışında üşüşen düşüncelerle doldurulur. Kimi ise öylesine paniğe kapılır ki, konuşmuş olmak için konuşarak sessizliğe son verir. Tedirginliğinden kurtulur, ama ortaya çıkabilecek otantik bir süreci de "öldürmüş" olur. Bu tür insanlar için sessizlik ya da herhangi bir ucu açık süreç belirsizlik olarak yaşanır. Geleceği güvenceye almak isterken ileriye doğru taşınabilecek süreçleri kapatır, yaşamın özünü yok ederler. Oysa tedirgin olmadan yaşanan sessizlik insanın kendisini algılayabilmesi için gereklidir. Bu sessizlik içinde hem birlikte hem özgür olmak daha zengin bir yaşantıyı hazırlar. Bu, insanın geçmişte doğayla olan beraberliğini anımsatır. Bu tür bir sessizlik, tedirginliğe son vermek için değil, otantik bir tepkinin doğuşuyla sona erer ve beraberlik başka bir süreç olarak yeniden başlar.

Burada özellikle belirtmek gerekir ki, yaşamın tümünü bir süreç olarak yaşamak olanaksızdır. Süreçleri bazen kendimiz öldürürüz, bazen de birlikte olduğumuz insanlar. Ama önemli olan, süreçleri kapatmamak için çaba göstermektir. İçinde yaşadığımız kültürde, hiçbir iletişim değeri olmayan "gürültü" niteliğinde konuşmalarla boşluk doldurmak ya da içsel yaşantılarımız doğrultusunda davranacağımız yerde kendimizi pazarlamaya çalışmak, zaman zaman hepimizin kapılıp gittiği ve kolayca sıyrılamadığı durumlardır. Yine de yaşantısal bir süreci başlattığımızda hiç beklemediğimiz kişilerin bile bize katılabildiğini görmek oldukça şaşırtıcıdır. İnsanlar hakkında önyargılı olduğumuz için çoğu kez otantik tepkiler vermekten kaçınıyoruz, ama böyle yapmakla mutluluğun yanıbaşımızda olduğunu da görmezden gelmiş oluyoruz.

Birçok insan belirli bir olay gerçekleşirse mutlu olacağı yanılgısındadır. Mutluluğun kendilerini bulmasını bekler ve mutluluğa "bir şeyler yaşanarak" ulaşılabileceğini göremezler. Bir şeyler yaşamak, bir şeylerle "birlikte yaşamak" anlamına gelir. Duygular insanın içinde oluşan bağımsız yaşantılar değil, dış dünyayla birlikte yaşarken insanın içinde oluşan olgulardır. Bir insan herhangi bir anda "...'den hoşlanıyor", "...'i umut ediyor", "...'a kızıyor", "...'ye çabalıyor" durumlarından birini yaşar. Bir başka deyişle, yaşantı öznel değil etkileşimseldir. Önce dışta bir olay olup sonradan duygu yaşanmaz. Olay olduğu anda etkileşim de olur. Çünkü olay süregelirken kişinin kendisi de değişikliğe uğramıştır.

Birçok insan "alma" ve "verme"nin birbirinden farklı durumlar olduğu sanısındadır. Çünkü onlar için birinin sorunlarıyla ilgilenmek ya da ona bir armağan almak "verme", benzeri davranışların kendilerine yapılması ise "alma" anlamını taşır. Ama bu davranışların içsel yaşantımızın gerçeklerini yansıttığını nasıl bilebiliriz? Çünkü bazen verilen şey sevgiden değil, kendimizi yadsımaktan kaynaklanmıştır. Bu sorunun yanıtı "ne" verdiğimiz yerine "nasıl" verdiğimizi anlamaya çalışarak bulunabilir. Kimi insan almadan vermemekte direnir, kimi ise karşılığını alabilmek için verir. Oysa almak ve vermek aynı anda yaşanan olgulardır. Kendimizi hissederek ve hissettirerek verdiğimizde bunu karşı taraf algılar ve o da kendisini hissettirir. Onu hissedebilmek de bize bir şey verir. Bu öylesi bir yaşantıdır ki, o anda insanlar ayrı varlıklar olduklarının bilincinde değildir. Ama benliğini böylesine paylaşmak, bir diğer insana tutsak olmaktan çok farklıdır. Bu, sevginin kendisidir.

Gerçek anlamda sevgi, diğer insanları da kendimiz kadar sevebilmeyi içerir, kendimizden çok ya da kendi yerimize değil. Bir başka deyişle, sevgi, diğer insanların seçimlerini kendi seçimlerimiz gibi sevebildiğimizde gerçekleşir. Ama sevgi tek bir yaşantı değil süreçtir. İnsanın kendisini savunmasızca ortaya koyabilmiş olmasının acılarını ve zaferini içeren bir süreç. Mutluluk o anda yaşanılan her şeyi hissedebilmektir. Dünyamızla karşılıklı etkileşimlerimizde keder de yaşanır sevinç de. Mutsuzluk, yaşama katılacak yürekliliği gösterecek yerde, insanın kendi içinde ürettiği ve gerçek dünyayla ilgisi olmayan duygularla yoğrularak kendini yaşamaktan kaçınma sonucu yaşanan bir olgudur. Mutsuz insan, kederine karamsarlık, sevincine kaygı katar, gerçeğini doyasıya yaşayamaz. Çünkü kendine karşıdır.

Oysa yaşamak ve sevmek birbirinden ayrı olgular değil, bir bütündür. Kendimizi yaşayabildiğimiz ve beraberliklerimize bir şeyler katabildiğimiz her yerde sevgi vardır. Ama bu, içinde bulunduğumuz kısırdöngülerden özgürleşip, her yaşantı parçasının bizi çevreye yönelik yeni bir etkileşime doğru harekete geçirmesiyle gerçekleştirilir. Bir başka deyişle, sürekli yaşantı üretebilmeyi içerir. Dünyamızla beraberliğimizde bu sürekliliği ya da ileri doğru hareket eden süreci gerçekleştirebilmek, kendini yaşamakla eşanlam taşır.

İnsanlar sürekli seçim yaparlar, ama çoğu bunu kabul etmek istemez. Denize girmek için kıyıya gelen üç kişiden biri derhal suya dalabilir, diğeri sonunda nasıl olsa gireceğini bildiği halde bir süre suyun soğukluğunu deneyerek vakit geçirdikten sonra girebilir, sonuncusu ise girmekten vazgeçebilir ve girenleri seyreder. Bu bir seçimdir ve insan nasıl isterse öyle "olur". Ama seçimlerinin sonuçlarını da kabullenmesi koşuluyla!

Epilog

MESLEK YAŞAMIMIN ilk döneminde, klasik psikanaliz kuramını anlamaya çalıştığım günlerde bile, Freud'un insanı tanımlayış biçimini "tümüyle" benimseyememiş olduğumu, ancak sonradan ve kendi deneyimlerim belirli bir birikim düzeyine ulaştığında fark edebildim. Gerekli birikimden yoksun olduğu çıraklık döneminde insanın, kendisinden çok daha deneyimli kişilerin sunduğu bilgileri kayıtsız şartsız kabul etmekten başka bir seçimi de söz konusu olamıyor. Hiç olmazsa bu benim kuşağımda böyleydi. Ama böylesi bilgiler genellikle düşünce düzeyinde kalıyor ve bunlardan hangisinin özümsenebileceğini insanın kendi yaşantıları belirliyor.

Freud insanı, yıkıcı içgüdüleri toplum tarafından denetim altında tutulması gereken bir varlık olarak tanımlamıştır. Gerçi Freud, kuramında yaşam içgüdüsüne de önem tanımıştır, ama bu içgüdüyü, insanı yalnızca "kendisine" doyum sağlamak amacıyla harekete geçiren bir güç olarak sınırlamış, üstelik bu konuda cinselliği aşırı biçimde vurgulamıştır. Bir başka deyişle, Freud'un tanımladığı insan bencil bir varlıktır. Bu niteliğinden ancak toplum baskısı nedeniyle ödün verir. Dolayısıyla, toplum içinde varlığını sürdürebilmesi için bencil ve yıkıcı eğilimleriyle toplum beklentileri arasında bir uzlaşma sağlaması gerekir.

Bu tür bir yaklaşım, sevgi, dostluk ve yardımseverlik gibi duyguları insan doğasının bir parçası olarak değil, bireyin doğduğu andan başlayarak çevresiyle süregelen etkileşimin ve buna bağlı öğrenme süreçlerinin bir ürünü olarak tanımlar. Sanırım vaktiyle Freud'u ilk kez okurken ikna olamadığım yön de buydu, insan doğasında bencil ve saldırgan eğilimlerin varlığı değil. Yaşadığım sürece tanık olduğum insanlık tarihi ve günlük yaşantıların yanı sıra klinik çalışmalarım sırasında izlediğim durumların da insanda yıkıcı ve bozucu bir eğilimin doğuştan var olduğunu kabul edebilmemde payı büyük.

Freud'dan sonra yapıtlarını izleme olanağı bulduğum araştırmacılardan Alfred Adler'i zihnimdeki soru işaretlerinden en önemlisine yanıt getirebildiği için derhal benimsemişimdir. Adler, doğuştan var olan bir "toplumsal ilgi"den söz ederek, insanı yalnız kendisine değil, başkalarına da yararlı olabilecek amaçlar geliştirme eğiliminde olan bir varlık olarak tanımlar. Yüzyılın ilk yarısında yaşamış olan Adler'den bu yana insandaki olumlu duygular üzerine yazılanların sayısı saldırganlık üzerine yazılanlara oranla o denli azdır ki. Üstelik Freud'un insanı yaşamı boyunca yineleyen davranışlar gösteren bir varlık olarak tanımlamış olmasına karşılık Adler, insanı içinde bulunduğu koşullara göre iyi ya da kötü olabilen, seçici ve yaratıcı bir varlık olarak algılar. Ama Adler'in, insanda yıkıcı eğilimlerin varlığını görmezden gelerek kendi kuramı içerisinde önemli bir boşluk bırakmış olduğuna bugün de inanıyorum. İkinci Dünya Savaşı'ndan sonra ortaya çıkan insancı (hümanist) ekollerin bu konuda daha da ileriye giderek insanı ancak engellendiğinde saldırgan olabilen bir varlık olarak tanıtma çabasına girişmelerini her zaman tek yanlı bulmuşumdur. İnsanı salt çevre-birey etkileşiminin ürünü olarak ele alan ve doğuştan gelen eğilimleri tümden yadsıyan davranışçı ekolleri zaten başından beri benimseyemedim.

Bu konuda yazılanlarda, insanın ya yıkıcı ya da yapıcı yönlerinin tek yanlı olarak vurgulanmış olmasına uzlaştırıcı bir yol bulabilmenin çok kolay olmadığını söylemem gerek. Ancak tek başına ne birini ne de diğerini başından beri kabul edememiş olduğumun farkındayım. Bu nedenledir ki, yakın geçmişe dek konuyu daima tartışmaya açık tuttum. Ama sonunda insanın, doğru ya da yanlış, bir sonuca varması gerekiyor ve bu ancak insan kişisel bir "tarih duyusu" geliştirebilecek kadar yaşadığında ve kişisel ve klinik yaşantıları arasında bir köprü kurmaya başladığında gerçekleştirilebiliyor.

Bu konuda Carl Gustav Jung'un "kolektif bilinçdışı" kavramı ve Erich Fromm'un bazı yapıtları da benim için yol gösterici olmuştur. Jung'a göre insan zihni, insanın evrimi tarafından biçimlendirilmiştir. Dolayısıyla bireyin geçmişi ile bağlantısı yalnızca çocukluğunu değil, kendi türünün geçmişini, hatta tüm insanlık evrimini içerir. İnsanın kişisel bilinçdışının içeriği, daha önce bilinçte var olmuş yaşantılardan oluşur. Kolektif bilinçdışının içeriği ise insanın yaşamı süresince hiçbir zaman bilinçte yaşanmamıştır. Kolektif bilinçdışı bir grup gizli imajdan oluşur ve bunlar insana atalarından aktarılır. Yalnız insanlık tarihinin değil, insan öncesi evrimin de ürünüdürler. Bu kolektif imajlar, insanın vaktiyle atalarının geliştirmiş olduğu tepkilere benzer tepki eğilimlerine sahip olmasına neden olur. Örneğin, bir insanın yılandan ya da karanlıktan korkması için yılanla karşılaşmış ya da karanlıkta kalmış olması gerekmez. Yılandan ya da karanlıktan korkma eğilimleri, atalarımızın kuşaklar boyu süregelmiş yaşantıları sonucu bize aktarılmış ve beyin dokumuza işlenmiştir. Bir başka deyişle, kolektif bilinçdışının evrimi, tarih boyunca insan bedeninin geçirmiş olduğu evrimle özdeş bir biçimde açıklanabilir. Zihin işlevlerinin organı beyin olduğuna göre, ırksal bilinçdışının oluşumu da beynin evrimine doğrudan bağlıdır.

Erich Fromm'un son yapıtlarından birinde, insanda iki ayrı tür saldırganlıktan söz etmiş olması sanırım beni çözüme götüren bir diğer önemli etmen oldu. Fromm'a göre, insanlar ve hayvanlar yaşamlarını sürdürebilmek için içgüdüsel olarak savaşırlar. Fromm bunu gerekli ve zararsız saldırganlık türü olarak kabul eder. Öte yandan, yalnızca insanda var olan ve yıkma bozma isteğinden başka hiçbir amacı olmayan, yaşamı yok etme eğilimiyse zararlı saldırganlık türüdür. İlkel insanlar arasındaki savaşların kansız olduğunu belirten Fromm, zararlı saldırganlığın, toplumların insanı kendisini gerçekleştirmekten engellemesi sonucu ortaya çıktığı görüşünü savunur.

İnsana aslında farklı açılardan yaklaşmış olan Jung ve Fromm'un ortak yanı, psikolojik ve toplumsal etmenler arasındaki sürekli etkileşimi vurgulamış olmaları, Fromm'un psikanaliz eğitiminden önce sosyoloji eğilimli bir psikoloji öğrenimi görmüş olması ve ayrıca tarih, edebiyat ve felsefe alanlarında geniş bilgi sahibi olmasının, Jung'un ise Tunus, Sahra Çölü, Afrika'nın iç bölgeleri, New Mexico, Hindistan, Seylan, vb. yerlere giderek yerlilerin yaşantıları üzerine incelemeler yapmış ve ilgi alanlarını psikiyatri ve psikolojiyle sınırlamamış olmasının bunda önemli payı olsa gerek. Ne var ki, Fromm'un insana özgü saldırganlığın yalnızca nedenini açıklayarak kaynağını yeterince araştırmaması ve dikkatini çağdaş toplumların birey üzerinde yarattığı zorlanmalara odaklaştırmış olması, Jung'un ise kolektif bilinçdışının insan doğasını nasıl etkilemiş olduğu sorusunu amaçlı olarak ve gelecek kuşaklar tarafından yanıtlanmak üzere karşılıksız bırakmış olması, hiç olmazsa benim zihnimde, karşılığı bulunması gereken yeni soru işaretlerinin oluşmasına yol açmıştır.

Psikiyatri alanında çalışan herkes, edindiği kuramsal bilgiler, klinik yaşantılar ve en önemlisi, kendi potansiyelinin sınırları içerisinde, zamanla kendi kişiliğine özgü bir bilimsel inanç sistemi ve tedavi yaklaşımı geliştirir. Bu nedenle, birazdan tartışmak istediğim yorumları izlerken okuyucunun, kendimi yukarıda sözü edilen ya da edilmeyen ustalarla kıyaslama çabasına girişhiğim sanısına kapılmayacağına ve insanın kendisine aktarılagelmiş bilgileri bir süre sonra bir de kendi süzgecinden geçirmek istemesini doğal karşılayacağına inanıyorum. Ayrıca, insan doğasının gizlerini çözümleme çabalarımda bana yol gösterici olan kişilerin, Freud, Adler, Jung ve Fromm'la da sınırlanmamış olduğunu belirtmem gerek. Örneğin, bu kitaba da açıkça yansıdığı gibi, son yıllardaki çalışmalarımda varoluş psikolojisinin önemli ölçüde etkisinde olduğum kuşku götürmez, ama psikanalitik kökenli kuramların katkılarını ve geçerliklerini de yadsımaksızın. Ne var ki, sonunda öyle bir noktaya geliniyor ki, insan doğasını psikiyatrinin sınırları içerisinde anlama çabaları yetersiz kalıyor. Bireyi içinde bulunduğu anla ve kişisel geçmişiyle birlikte incelemek ya da toplumsal olguları içinde yaşanılan zaman kesitinde anlamaya çalışmak bazı boşlukları da birlikte getiriyor. İnsan böylesi boşlukları nasıl giderebileceğini biraz da sezgi yoluyla buluyor. Son yıllarda tarih ve sosyal antropolojiye eğilmem de mantıksal bir çıkarsama sonucu olmadı. Ama sonunda, hiç bilmediğim için varlığını sürekli yadsımaya çalıştığım bir alan olan ekonomiyle karşılaşmak zorunda kalmak benim için şaşırtıcı ve biraz da can sıkıcı oldu. Bu konuya gereğince eğilebilme yürekliliğini de henüz bulabilmiş olduğumu söyleyemem.

Bugün insanların birbirinin karşıtı iki ayrı eğilimi doğuştan getirdiğine inanıyorum. Bir yanda dostluğu, sevgiyi ve yardımlaşmayı içeren bir eğilim, diğer yanda bencilliğe ve bozup yıkmaya yatkın bir eğilim. Her insanda bu eğilimlerin ikisi de var; ama hangi eğilimin egemen olacağını bireyin doğduğu andan bu yana geçiregeldiği yaşantılar belirliyor. Bir başka deyişle, doğuşta gizil olarak var olan bu eğilimler çevreden gelen uyaranlarla pekiştirilir. Destek ve dayanışma ortamında yetişen bir insanda olumlu ve yapıcı duygular, kendini gerçekleştirme yollarını engelleyen bir ortamda büyüyen bir insandaysa bencil ve yıkıcı eğilimler etkinlik kazanır.

Ancak bu, çevrenin birey için kesin bir yazgı oluşturduğu anlamına gelmez. Bugüne dek, sevginin var olduğu bir ortamda yetiştiği halde bencil ve bozucu eğilimleri egemen olan bir insanla karşılaşmadım. Gerçi zaman zaman uyumlu bir ailenin içerisinde böyle biri bulunur, ama yaşantıları dikkatle incelendiğinde, çeşitli nedenlerle kendisine ayrım yapıldığı ve çevresinin, başından beri kendisine karşı ilk bakışta gözlemlenemeyen farklı bir tutum içinde oldukları anlaşılabilir. Buna karşılık, olumsuz koşullar içinde yetiştiği halde kendisini yaratabilen insanların sayısı da azımsanamaz. Bu insanların ayrıcalığının nereden kaynaklandığını anlamış olduğumu henüz söyleyemem. Yıkıcı eğilimlerin bir özelliği de, bunların dışa olduğu gibi insanın kendisi üzerine de yönelebilmiş olması. Çevresinde her şey yolunda gittiği halde kendi yaşamını yine kendisi bozan insanların sayısı o kadar çok ki! Sanırım, çocukluk yıllarında sevgi umudunu yitiren insanlarda dışadönük yıkıcılık, günün birinde sevgi ve onayı bulabilme umudunu koruyanlardaysa kendine dönük bozucu eğilimler daha sık görülüyor. Ancak, yıkıcı eğilimlerin dışa ya da içedönük bir doğrultuda gelişmesinde kalıtsal bir zeminin de söz konusu olup olmadığı sorusunun yanıtının araştırılması gerektiğine inanıyorum.

Bencil ve yıkıcı eğilimlerin, hiç olmazsa potansiyel olarak, her insanda var olduğu görüşünü savunmak bazı okuyucuları rahatsız etmiş olabilir. Ama bazı insanların bu tür eğilimlerin yalnızca kendilerinden başka insanlarda olduğunu savunmaları da mantıkdışı olmuyor mu? Klinik çalışmalarımda, kendine dönük yıkıcılığı ortadan kaldırmanın, dışadönük saldırganlığı denetim altına almaktan çok daha güç olduğunu gözlemlemişimdir. Duyguların dış dünyadan çevrilerek insanın kendi üzerine yöneltilmiş olmasının sağladığı yalnızlığın bunda önemli payı olsa gerek. Bu tür bir yalnızlığa alışmış olmak, kişinin tedavi ortamında tedavi edenle ilişki kurabilmesini de engeller. Çünkü insanın kendisini incitmesi, bir başka insan tarafından incitilme olasılığının yarattığı korkudan daha az acı verir.

İnsanın tarih boyunca toplumları oluşturması sonucu, kendi türünden olanlara karşı dost ve yardımsever duygular geliştirmiş olmasını ve bunu doğasının bir parçası olarak yaşamasını anlamak ve kabul etmek ne denli kolaysa, kendine ve çevresine karşı yıkıcı davranabilmesine geçerli bir neden bulmak o denli güç. Ama insanı, yaşadığımız zaman kesitinden önceki dönemlerinde incelediğimizde ya da sayıları az da olsa bu dönemlere ait özellikleri sürüregelen ilkel topluluklar üzerinde yapılan araştırmaları izlediğimizde, bu nedeni anlayabilmek çok da güç olmuyor. Tarihi dikkatle incelediğimizde, bencil ve yıkıcı eğilimlerin, insanların birbirlerinden alabilecekleri ya da çalabilecekleri şeylere sahip olmalarıyla başladığını görüyoruz. Avlanacak hayvan azaldığında tarımla uğraşanların zengin tarlalarına saldırılar düzenleyen avcılarla başlayan bu süreç, insanda sahip olma tutkusuyla bencil ve yıkıcı eğilimlerin iç içe ve birlikte gelişmesine neden olmuş ve bugüne dek hiçbir politik düzen bu eğilimleri gerçek anlamda ortadan kaldırabilmeyi başaramamıştır. Çünkü sahip olma eğilimi mülkiyet ve parayla da sınırlanmamış, iktidara ve diğer insanlara sahip olma tutkularını da birlikte getirmiştir. Günümüzde dünyamızı yöneten en önemli güçlerden birinin uluslararası silah ticareti olması, bu iki eğilimin nasıl iç içe geçmiş olduğunun somut bir kanıtıdır. Bu eğilimlerin insanın kendi yarattığı toplumlara da mal edilmiş olması ve insanın kendi yarattığı toplumları denetleyebilecek ve yönlendirebilecek güce yeterince sahip olamaması gerçekten kaygı verici bir olgu. Gerçi, örneğin Birleşmiş Milletler gibi bazı örgütler insanlığın kendi yazgısını kendisinin çizmesi gerektiğini savunuyor ve bu doğrultuda yoğun çaba harcıyorlar, ama insanda yıkıcı eğilimler var oldukça bu konuda gereğince etkin olmaları da beklenemez.

İnsanın yapıcı ve yıkıcı yanları arasında öylesi bir denge var ki, insanlığın geleceği üzerine karamsarlığa kapılmamızı engelliyor. Dünyanın tümünü ortadan kaldırabilecek güçte silahların bugüne dek denetim altında tutulabilmiş olmasının yalnızca korku duygusuyla açıklanmasına katılmıyorum. Üstelik, insanlık tarihi incelendiğinde yıkıcı eğilimlerin yapıcı eğilimlere oranla daha hızlı geliştiğine ilişkin bir gösterge bulunabileceğini de sanmıyorum. Ama tarih boyunca insanlar, yaşadıkları dönemin öncekilerden daha kötü olduğuna ve dünyanın gidişinin hiç de iyi olmadığına inanmışlardır.

Çelişkiye düşmüş izlenimi vermemek için bir konuya açıklık getirme gereğini duyuyor ve amacımın, aslında insana doğası üzerine bir tartışma açmak olduğunu ve toplum üzerine söyledikleremin toplum ve bireyin karşılıklı etkileşimiyle sınırlandırılmış olduğunu vurgulamak istiyorum. Klinik yaşantılarıma giren kişilerde insanda var olan iki karşıt gücün birbirini egemenliğine alabilmek için nasıl bir savaş sürdürdüklerini fark ettiğimden bu yana, bu olgunun varlığını çevremde, kendimde ve toplumda da araştırmaya başladım. Kitabın bazı bölümlerinde de söz ettiğim gibi, insanın yapıcı eğilimlerini yıkıcı olanlara egemen kılabilmesi ancak diğer insanlara da bir şeyler verebilmek için çaba gösterdiğinde gerçekleştirilebiliyor. Ama birçok insan incinmekten korktuğu için bunu, diğer insanlardan kendisini soyutlayarak kendi içinde ve tek başına başarabileceği sanısına kapılıyor; kimi ise "verme" kavramını yanlış yorumladığı için bu konuda başarılı olamıyor. Ama bir de toplumdan gelen pekiştiriciler var ve işte bu noktada, insandaki karşıt eğilimlerin toplumlara ne oranda ve nasıl yansıdığı sorusunu araştırma gereği ortaya çıkıyor. Toplumlar bize bir yandan anlamlı yaşamanın gereği olan düzeni sağlarken, öte yandan bireyin kendisini gerçekleştirebilmesini engelleyici sistemler de oluşturabiliyor. Dolayısıyla, insan doğasının karşıt eğilimlerini toplum yapısı içinde de gözlemleyebiliyoruz. Oysa insan kendi küçük dünyası içerisinde, kendisinden ya da çevreden kaynaklanan yıkıcılığı belirli ölçüde denetim altında tutabilme yeteneğine sahip olduğu halde, toplumdan kaynaklanan yıkıcılığa karşı koyabilecek güçte değil. Bunun yarattığı ürküntünün, birçok insanın önce toplumun değişmesi gereğini savunarak kendi yaşam sorumluluklarını görmezden gelmesinde önemli rolü olsa gerek.

Felsefe, edebiyat, tiyatro, müzik gibi yaratıcı alanlarda dünya kültürüne seçkin katkılarda bulunmuş Alman toplumuna İkinci Dünya Savaşı sırasında egemen olan yıkıcılığı anlayabilmem için yukarıda tartışmaya çalıştığım sonuçlara ulaşmam gerekti. Bu olgunun Alman toplumunun "kolektif suçu" olarak tanımlanmış olmasının, bu toplumun bireylerinin vicdanını rahatlatmaya çalışmaktan öte bir anlamı olduğunu sanıyorum.

Toplumların belirli bir dönem içerisinde geçirdiği zorlanmalar bireylerin yıkıcı eğilimlerinin etkinlik kazanmasına neden olabiliyor. Hızlı toplumsal değişmenin getirdiği zorlanmalar sonucu toplumumuz bireylerinin yaşadığı kolektif bunalımdan burada yeniden söz etmek istemiyorum. Ama bireylerin bir bölümünün narsisist bir düzeye gerilemesine neden olan böyle bir süreci salt belirli bir süre için ortaya çıkan koşullarla açıklamanın yeterli olduğuna inanmıyorum. "Neden bu toplum da bir başkası değil?" sorusunun yanıtı yalnızca bugünde değil geçmişte de aranmalıdır kanısındayım. Çoğunluğun ortaklaşa kabul edebileceği bir tarihi, yansız bir değerlendirmeyle tanımlayamamış ve özümseyememiş bir toplumun zorlanmalar karşısında bunalıma girmesini de doğal karşılamak gerek. Burada tarihle kastettiğim biçimselliğin ötesinde, toplumun yaşam felsefesini de yansıtan bir kavram. İnsan doğası yalnızca belirli bir zaman kesiti içinde nasıl değerlendirilemezse, toplumlar da geçmişlerini özümseyemedikleri sürece kendilerini gereğince anlayamazlar. Şimdiki zamanın hem geleceği hem de geçmişi içerdiğini görmezden gelen toplumların bireyleri ise evrensel olma niteliğine ulaşamazlar!

—

Kaynakça

Adler, A., *The Practice and Theory of Individual Psychology*, Littlefield: Adams; New York: Paterson, 1963.

Boss, M., *Psychoanalysis and Daseinanalysis*, New York: Basic Books, 1963.

Fromm, E., *The Anatomy of Human Destructiveness*, New York: Holt, Rinehart and Winston, 1973.

Geçtan, E., *Psikodinamik Psikiyatri ve Normaldışı Davranışlar*, İstanbul: Metis, 2003, ilk basımı: 1975.

— *Psikanaliz ve Sonrası*, İstanbul: Metis, 2004, ilk basımı: 1988.

Gendlin, E., "Experiential Psychotherapy", der. R. Corsini, *Current Psychotherapies* içinde, F. E. Peacock, Illinois: Itasca, 1973.

Jung, C. G., *Collected Works*, New York: Princeton University, Princeton, 1962.

Rank, O., *Will Therapy*, New York: Knoff, 1945.

METİS YAYINLARI

Johann Hari

KAYBOLAN BAĞLAR

Depresyonun Gerçek Nedenleri
ve Beklenmedik Çözümler

Çeviren: Barış Engin Aksoy

"Ben kendi hayatımda depresyon hakkında iki hikâyeye inanmıştım. Hayatımın ilk on sekiz yılında bunun 'tamamen kafamın içinde' olduğunu düşünmüştüm – yani gerçek değildi, hayaldi, sahteydi, şımarıklıktı, utanç vericiydi, zayıflıktı. Sonraki on üç yılda ise yine 'tamamen kafamın içinde' olduğuna inanmıştım ama bu defa çok farklı bir şekilde: Beyindeki bir arızadan kaynaklanıyordu. Ama bu hikâyelerin ikisinin de doğru olmadığını öğrenecektim. Depresyon ve kaygının bu kadar yükselişte olmasının öncelikli sebebi kafamızın içinde değildi. Ben bu sebebin büyük ölçüde etrafımızdaki dünyada ve o dünyada nasıl yaşadığımızda yattığını keşfettim."

Kaybolan Bağlar, gazeteci-yazar Johann Hari'nin kendisinin de uzun yıllar mücadele ettiği depresyonun altında yatan nedenleri ve olası çözümlerini bulmak üzere çıktığı yolculuğun hikâyesini anlatıyor. Şahsi olduğu kadar toplumsal da olan, deneyimler kadar bilimsel olgu ve araştırmalara da dayanan bu hikâye, mutsuzluğumuzu kanıksamak ve ilaçlar yoluyla bastırmaya çalışmak yerine daha kalıcı, daha sağaltıcı çözümlere yönelebileceğimizi gösteriyor.

"Depresyon ve kaygının nedenlerine ilişkin okuma yapmanın ilk bakışta göz korkutucu geldiğini biliyorum, zira bu nedenler kültürümüzün derinliklerine kadar uzanıyor. Benim de gözüm korkuyordu. Ama yolculuğuma devam ettikçe diğer tarafta yatanın ne olduğunu fark ettim: gerçek çözümler. Bunlar pek çoğumuzda işe yaramayan o kimyasal antidepresanlara benzemiyor. Satın aldığınız ya da yuttuğunuz şeyler değiller. Ama ıstırabımızdan gerçek bir çıkış yolunun başlangıç noktasını oluşturuyor olabilirler."

METİS YAYINLARI

Marion Milner

KENDİNE AİT BİR HAYAT

Çeviren: Aslı Biçen

"Kendisinin zannettiğinden çok daha aptal olduğunu anlamaya hazır olmayan kimse bu deneye kalkışmasın."

Yazar ve psikanalist Marion Milner, yirmi altı yaşındayken son derece şahsi ve ilginç bir "deney"e girişir. Kendisini nelerin mutlu ettiğini bir günlüğe tek tek kaydetmeye başlar. Amacı hayatta tesadüfen karşısına çıkan mutluluk anlarını artırmaktır. Yıllar sonra bu günlüğü elden geçirmeye karar verdiğindeyse, ortaya *Kendine Ait Bir Hayat* çıkar: İç dünyasını keşfetmekte epey yol kat etmiş birinin, öğrendiği şaşırtıcı şeyleri başkalarıyla paylaşma arzusunun ürünü.

Kitapta belki de en çok, hayata aklın dar odağından bakmakla tüm benliğin daha geniş odağından bakmak arasındaki fark üzerinde duruluyor. Milner ilkinin beraberinde yoğun bir eksiklik ve tatminsizlik, ikincisinin ise belirgin bir doygunluk ve bütünlük hissi getirdiğini söylüyor, zira akıl her ne kadar temel bir unsur olsa da, aklın hükümranlığının dışında kalan duyguları, arzuları ve ihtiyaçlarıyla insan çok daha karmaşık bir varlık. Öyle ki, biraz durup bakışlarımızı kendi içimize çevirdiğimizde, aslında kendimiz hakkında ne kadar az şey bildiğimizi, bastırdığımız ya da görmezden geldiğimiz ne çok yönümüzün olduğunu fark ediyoruz. Bu kitap bize tam da bunu hatırlatıyor ve bir bütün olarak benliğimizle bağlantı kurmamızın tatminkâr bir hayat için ne kadar önemli olduğunu vurguluyor.

**metis'ten okuyabileceğiniz
ilgili diğer kitaplar**

Ben İdeali
"İdeal Hastalığı" Üzerine Bir Psikanaliz Denemesi
Janine Chasseguet-Smirgel

Ben Psikolojisi ve Uyum Sorunu
Heinz Hartmann

Biyokapital
Genom-Sonrası Hayatın Kuruluşu
Kaushik Sunder Rajan

Çalınan Dikkat
Johann Hari

Çocuklukta Normallik ve Patoloji
Gelişimin Değerlendirilmesi
Anna Freud

Deri-Ben
Didier Anzieu

Doğum Travması
ve Psikanalizdeki Anlamı
Otto Rank

Dört Arketip
Carl Gustav Jung

Duyguların Gücü
Psikanalizde, Cinsiyette ve Kültürde Kişisel Anlam
Nancy J. Chodorow

Freud'un Otoanalizi ve Psikanalizin Keşfi
Didier Anzieu

Genin Yüzyılı
Evelyn Fox Keller

Gerçek Bir Yanılsama: Bilinç
Tevfik Alıcı